UNA MUJER VERDADERA

DRA. ISABEL

HarperCollins *Español*

© 2016 por Isabel Gómez-Bassols

Publicado en Nashville, Tennessee, Estados Unidos de América.

HarperCollins Español es una marca registrada de HarperCollins
Christian Publishing.

Editora en Jefe: *Graciela Lelli*
Edición; *Marta Liana García*
Diseño: *Grupo Nivel Uno, Inc.*

ISBN: 978-0-71808-075-4

Impreso en Estados Unidos de América

16 17 18 19 20 DCI 9 8 7 6 5 4 3 2 1

Este libro, con mis historias de vida de mujeres que caminaron el sendero por nosotras, se lo dedico a mis hijas Lisa y Maggie, y a mis nietas Gabriela, Alessandra y Sofya. Lo hago en honor de la diosa que cada una de ellas lleva dentro de sí.

Mujer es la esencia de todo ser

¿Qué es ser mujer?
Es silencio cargado de voces,
es amor que se adentra
en la infinitud del tiempo,
es ser imbatible e infatigable
entre sus múltiples rebaños.
Es musa que sueña y siente,
es esencia que esparce ilusiones
    en la dura y emotiva realidad,
es doncella de toda interrogante.
¿Qué es ser mujer?
Es un ángel de amor y miel...

—María Cristina Soler

CONTENIDO

Agradecimientos   7

Prólogo   9

PRIMERA PARTE: ¿Qué significa ser mujer?

Capítulo 1: Reconociendo nuestra naturaleza e historia   19

Capítulo 2: Lo que nos encarcela: Mensajes negativos
             de la infancia   27

Capítulo 3: La transformación de niña a mujer   45

Capítulo 4: El poder del útero   67

SEGUNDA PARTE: Descubre tu belleza verdadera

Capítulo 5: Enciende tu luz interior   95

Capítulo 6: El rol de la mujer como abuela, o la etapa
             de la mujer sabia   109

Capítulo 7: Reclamamos nuestra gloria   139

Contenido

TERCERA PARTE: Tu legado

Capítulo 8: Abraza tu esencia   149

Capítulo 9: Historias de mujeres con pantalones y diosas
             que las representan   157

Capítulo 10: Las Gagas (La hermandad de las Ya-Ya)   201

Notas   235

Acerca de la autora   239

AGRADECIMIENTOS

Cada paso, cada etapa de mi vida están marcados y guiados por una mujer. A esas tantas mujeres que me dieron la mano para aprender a caminar en este mundo tan lleno de obstáculos, les doy mi más cálido agradecimiento. Muchas no se dieron cuenta del impacto que tuvieron en mi vida, desde mi tía, que me enseñó a leer; a mi madre, que con su dulce mirada y consejos silenciosos me guió en las emociones buenas, y no tan buenas, que todas nosotras experimentamos.

Agradezco a mis maestras, a mis hijas, pues con ellas aprendí otro tipo de amor. Y a mis nietas, por sentir tanto la alegría de esa próxima generación y lo que eso conlleva, como el cuestionar si están preparadas para enfrentarse a este mundo en que vivimos.

Agradecimientos especiales a Iliana Lavastina por ayudarme a navegar por mi juventud y abrir un poco a mis temores y poderlos expresar en este libro. A Lourdes Rodríguez por ayudarme con el difícil reto de entender y poder guiarme en la expresión de quienes son mis amigas, «Las Gagas».

Siento tanto agradecimiento por todas esas mujeres junto a las que crecí, con las que hemos vivido muchos años conectadas en ese hermoso grupo autodenominado Las Gagas.

Y un agradecimiento por la ayuda y dirección de mi hijo Eric. Hay veces que estuvimos en desacuerdo en cuanto a qué decir, él por más y yo por menos. Gracias, hijo, por tu gran ayuda.

PRÓLOGO

Este libro traza el progreso de las mujeres y su importancia, o falta de esta, a través de las edades, desde las diosas de nuestra historia antigua al tiempo presente. Subraya la importancia de honrar a nuestras antepasadas tanto como a nuestros antepasados y constituye un paso importante para las mujeres al alentar el orgullo y reconocer su valor verdadero.

En las primeras sociedades europeas, miles de años antes de que la religión católica y la musulmana comenzaran, las personas se agrupaban en tribus. La vida se centraba en la supervivencia. Los cazadores varones eran una parte integral en ese sistema social, pero aún más se veneraba el poder de las mujeres por el hecho de que daban a luz, ese proceso sagrado que garantizaba la existencia de las tribus.

Las mujeres eran también las curanderas y las hechiceras de esas sociedades primeras de Europa. Las mujeres atendían las necesidades físicas, mentales y espirituales de sus sociedades y eran frecuentemente las líderes espirituales de sus tribus, dirigiendo a las personas a través de las diferentes etapas de la vida. Estas cualidades sagradas femeninas se personificaron en la imagen de una diosa, deidades que se consideraban responsables de la vida y la fertilidad. Las diosas fueron las principales deidades de Europa hasta alrededor del año 3000 A.C.

Cuando las clases de guerreros surgieron mil años antes, alrededor del año 4000 A.C. en Europa y en el Oriente Medio, un cambio en la forma de percibir a las mujeres comenzó a infiltrarse en la mente de esas poblaciones arcaicas. Los roles sagrados anteriores de las mujeres se limitaron a unos pocos. Los linajes familiares cambiaron de región a región, de matrilineal a patrilineal.

Esto sucedió porque tenía sentido para la clase dirigente de esa época que la riqueza amasada por los guerreros varones debería de pasarse a sus hijos, quienes serían los futuros guerreros. Para mantener la línea sanguínea patriarcal pura, las mujeres tenían que ser controladas y prevenir las relaciones extramaritales, reforzando de allí en adelante el concepto de monogamia sexual. La sociedad comenzó a centrarse cada vez más en la guerra, la riqueza y la herencia de la propiedad.

Se compusieron y reescribieron mitos para exponer la naturaleza fundamental de la mujer como inherentemente malvada. En nuestra civilización occidental esto se hace evidente en la historia de Adán y Eva, en la cual Eva nace de la costilla de Adán; haciéndola a ella y a toda mujer sujeta a «él». Incluso aún más sexista era la idea de que por el hecho de que Eva sucumbió a la tentación de la serpiente, ella también era responsable de toda la maldad. La serpiente se convirtió en un símbolo potente que se repitió en las historias que relatan la caída, y en la expresión artística como los frescos de Miguel Ángel en la Capilla Sixtina, que muestran la serpiente con rostro femenino.

De manera similar, en la mitología griega, se culpó a Pandora, una mujer bella y también insensata quien desató toda la maldad en el mundo al abrir una vasija.

El liderazgo de las mujeres en la religión fue progresivamente disipándose con el tiempo concluyendo con la persecución de las brujas. Se las insultaba asignándoles apelativos como «envenena-doras», «arpías» e incluso «hechiceras» y aun la denominación más común de «brujas». Estas mujeres siguieron representando una autoridad femenina peligrosa. Eran las sibilas de Grecia, las brujas y druidas celtas de Irlanda y Bretaña, mujeres que en ese momento estaban separadas de la sociedad, pero a las que se seguía recu-rriendo, a la vez que eran temidas. Para las instituciones domina-das por los hombres, estas mujeres constituían ahora una amenaza. En una sociedad donde Dios era varón, pronto se excluyó y deva-luó severamente a la mujer.

Al considerar los tiempos más recientes, las mujeres sufragaron en el siglo XIX de la joven nación americana donde se las llamaba convenientemente «brujas» al exigir a ellas igualar su posición social con la del hombre. Se las consideraba ser una fuerza rebelde y mal-vada al romper las normas sociales y exigir tal respeto.

A las mujeres se las continúa persiguiendo hoy día por buscar tal igualdad y, como resultado, una nueva forma de feminismo parece estar forjándose. Un feminismo más inclusivo en el cual las mujeres se desarrollan para alcanzar su capacidad máxima, para ser resueltas junto con los hombres y alcanzar sus sueños. Una for-ma de feminismo más evolucionada donde no se pide que las mujeres actúen como los hombres para ser respetadas o considera-das influyentes.

Durante el movimiento de la «neue frau» o «nueva mujer» de la década de 1920, tras ganar el derecho para votar en Estados Uni-dos, las mujeres europeas emergieron con un estilo de pelo a media melena «bubikopf» o geométrico junto con una moda y accesorios provocativos para marcar su nueva identidad, determinación pro-pia y control sobre su sexualidad.

En la década de los sesenta las mujeres protestaron la misógina elección de Miss América con la famosa «quema de sujetadores». No se quemó ningún sujetador pero la protesta impulsó una segunda ola de feministas que entendieron que la historia de las mujeres era una parte imprescindible del movimiento.[1]

En la década de los noventa llegó Madona, con su icónico sujetador cónico que vistió y que parecía un par de ametralladoras listas para disparar a cualquiera que se interpusiera en su expresión femenina desvergonzada. Madona lucía su sexualidad de una forma que nunca se había visto antes, arrasando la mojigatería americana con su constante burla de las costumbres de la clase media americana con sus letras, videos y actuaciones sexualmente liberadoras. No solamente pavimentó el camino para las otras cantantes femeninas, sino también para el resto de las mujeres en EE.UU., que no temían más blandir su sexualidad ni revindicar su igualdad de la misma manera que los hombres lo habían hecho.

Lamentablemente, la caza de brujas continúa en nuestro mundo moderno, cada vez que una mujer desafía las limitaciones sociales impuestas. Sin embargo, estos ataques no son perpetrados por la mayoría. Día tras día, esta defensa de la inequidad mengua claramente. La injusticia de hacer a la mujer caminar metafóricamente detrás del hombre se considera cada vez más como una forma de pensar negativa, anticuada e incorrecta.

El acceso a la educación es uno de los obstáculos más fundamentales hacia la igualdad. Las mujeres siguen sufriendo obstrucción para ganar acceso a la educación debido a creencias y prácticas culturales que consideran a las niñas como menos dignas de recibir una educación que los niños. Muchas familias simplemente no pueden permitírselo económicamente porque, a diferencia de EE.UU., en algunos países, las familias tienen que pagar por la educación de sus hijos. Otras veces las escuelas están muy distantes y los padres tienen miedo de que sus hijas sufran daño o se las secuestre cuando van o regresan de la escuela. Algunas escuelas no tienen baños adecuados, lo cual puede resultar un problema para las niñas que están entrando en la pubertad. Es asombroso que a unos sesenta y dos millones de niñas se les está negando este derecho fundamental a la educación. Sin embargo, el número de niñas que no van a la escuela ha disminuido unos cincuenta y dos millones en los últimos quince años, indicando que avanzamos en la dirección correcta.[2]

De acuerdo con la Unesco, el índice de escolaridad de las niñas está por debajo del cincuenta y cinco por ciento en la mayoría de los países pobres.[3]

Además, cada año a quince millones de niñas se las obliga a contraer matrimonio, y una de cada tres niñas en los países en desarrollo ya está casada a la edad de dieciocho años.[4]

Las mujeres mantienen posiciones de poder en EE.UU. y por todo el mundo y aún con todo encuentran limitaciones y abusos que contradicen este progreso. Arabia Saudita permitió votar a las mujeres por primera vez en su historia en 2015 y todavía no se les permite manejar. Taiwán eligió a su primera presidenta, pero se incluye al país en el Nivel 1, por seis años consecutivos, por tráfico de personas, y cuyas víctimas son en su mayoría mujeres objeto del contrabando a través de matrimonios fraudulentos, trabajo o servidumbre doméstica.[5] En 2006, Ellen Johnson Sirleaf ganó las elecciones en Liberia y se convirtió en la primera mujer de color que ocupa la posición de presidente, además de ser también la primera mujer electa en África como cabeza de estado; sin embargo, en su país, las mujeres no tienen acceso, debido a prejuicios, a la educación, la salud, la posesión de tierras y crédito, además de honrarse las prácticas culturales de los matrimonios concertados y la mutilación genital femenina.[6] Brasil eligió a su primera mujer presidente, Dilma Rousseff, en 2010; sin embargo, en su país, la situación de las mujeres, aunque está mejorando poco a poco, sigue siendo inaceptable. Mujeres son víctimas de asaltos cada quince segundos, y cada dos horas una mujer es asesinada, la mayoría en manos de sus compañeros, de acuerdo con el informe del Mapa de

Violencia.[7] Dilma Rousseff impulsó una normativa de tolerancia cero contra la violencia hacia las mujeres y las niñas en marzo de 2015 para mejorar sus condiciones. Cambió el código penal para que incluyera feminicidio,[8] que lo definía como cualquier crimen que incluya violencia doméstica, discriminación o desprecio hacia la mujer y que resulte en su muerte. Se añadieron sentencias más severas y encarcelamientos más prolongados al código penal revisado.

En EE.UU., el presidente Obama firmó la Ley de Salario Justo Lilly Ledbetter en 2009, garantizando las protecciones de un salario justo para las mujeres en EE.UU.; sin embargo el Foro Económico Mundial estima que tendrán que pasar otros 118 años para que a las mujeres en todo el mundo se las remunere equitativamente por las mismas posiciones de trabajo que los hombres mantienen.[9]

La igualdad de las mujeres no está todavía asegurada. Los movimientos feministas han ganado muchos derechos para las mujeres durante el último siglo, pero estos derechos se encuentran en continuo peligro y pueden ser anulados por una institución que sigue controlada por los hombres. Durante los últimos cinco años, los políticos conservadores han erosionado con persistencia el acceso de la mujer a servicios de salud reproductiva y atacan sin cuartel a los servicios legales y seguros de aborto. En los últimos cinco años, se han pasado 288 leyes contra el aborto, cincuenta y siete de ellas en 2015. La realidad es que las mujeres en EE.UU. están perdiendo el control sobre sus propios cuerpos a una velocidad alarmante.[10]

Por todo el mundo, 125 millones de mujeres han sufrido mutilación genital femenina en los veintinueve países de África y en el Oriente Medio donde sigue concentrada la MGF.[11]

A pesar de todos estos desafíos, por fin, el país más poderoso del mundo libre parece estar dispuesto a elegir a su primera mujer presidente. Los padres podrán decir ahora a sus hijas que ellas también pueden alcanzar la presidencia de Estados Unidos de América.

En este libro, la doctora Isabel propone una forma de feminismo nueva y mejorada, un feminismo 2.0 donde ya no se precisa de las mujeres que imiten a los hombres para poder ganar respeto o autoridad; de mujeres que reclaman su propia autoridad por medio de la determinación propia en vez de por medio del control de otras personas; de mujeres que pueden danzar con fluidez entre los sexos, sin tener que evitar su feminidad, y encontrar su autoridad en una capacidad omnipotente de ejercer ambos sexos al mismo tiempo. Quizás esa sea la clave para convertirse en una persona verdaderamente poderosa, la cualidad de liberarse una misma del yugo que el género tiene sobre nuestra identidad y nuestra alma, y navegar por los dos mundos satisfactoriamente.

Le invito a leer *Una mujer verdadera*, una historia cierta que pretende guiar a las mujeres de todas las edades al iluminar un sendero para que alcancen y completen sus metas sin tener que imitar el comportamiento de los hombres; mujeres que encuentran su propia fortaleza y se la apropian, viviendo su existencia y expresando su femineidad bajo sus propias condiciones.

Este libro lo ha escrito una mujer verdadera, inspiradora y valiente que nunca cesa de impresionarme y sorprenderme, mi madre —la doctora Isabel—, cuya dedicada misión es la de ser un instrumento y ayudar así a otras personas a alcanzar su potencial humano con un estilo peculiar que despierta la conciencia en los temas de acción social, salud mental e igualdad para todos.

En otras palabras, «Mi misión es mi religión —el amor al prójimo, el ejercitar la compasión con los demás y la fe que todo lo mueve».

A la doctora Isabel la han descrito con muchos apelativos como «el ángel de la radio» y «la psicóloga de los pobres», pero, para mí, es una mujer que nunca jamás se ha desviado de su misión desde que la conozco. Vez tras vez, la he observado tomar las lecciones cosechadas de los desafíos de su vida e impartir esa sabiduría aprendida a otras personas para finalmente fortalecer e inspirar confianza en su audiencia.

Primeramente debemos de ser conscientes de que la vida presenta más oportunidades para nosotros antes de que podamos apropiárnoslas, y que debemos tener confianza y fe antes de poder derrumbar los muros de nuestras limitaciones. Este libro permite a las mujeres ver la diosa en su interior y utilizar esta fuente de poder para transformar sus vidas.

Así que te invito a disfrutar de *Una mujer verdadera*, un libro que ha estado en el tintero durante miles de años y a un peregrinaje de toda una vida de una mujer hispana quien emigró de Cuba sin dinero, con solo la ropa que llevaba en su maleta y que no podía hablar inglés, en busca del sueño americano; una mujer joven de solo dieciséis años que tuvo el atrevimiento de perseguir una educación universitaria y buscar las oportunidades y la fortaleza, y encontró la confianza y el éxito por el camino.

Una mujer verdadera plantea la pregunta, ¿qué sucedería si todos tuviéramos el atrevimiento de ser un poco más ambiciosos?

ERIC A. VASALLO

Nunca, nunca y nunca otra vez, debería ocurrir que esta tierra hermosa experimente la opresión de una persona por otra.

—NELSON MANDELA[12]

PRIMERA PARTE

¿Qué significa ser mujer?

CAPÍTULO 1

Reconociendo nuestra naturaleza e historia

¿Quién es ella? ¿La conoces? Estas son preguntas que puedes hacerte parada frente al espejo en un momento de reflexión personal. Para encontrar las respuestas tienes que conocer tu propia naturaleza, hacer un viaje a tu interior, saber qué te ha movido en la vida, y qué situaciones hicieron sacar de ti algo que no imaginabas. Más importante aún es que llegues a entender cuál es el verdadero rol que te corresponde por ser mujer en nuestra civilización.

Ahora que tengo tu atención, créeme cuando te digo que la mujer con pantalones es apenas una pobre copia del hombre. Esa imagen solamente nos coloca un atuendo externo, un símbolo que parece darnos fortaleza, y con el que tratamos de sentirnos poderosas. Lo que hemos hecho al apropiarnos de los pantalones es copiar al hombre, sus costumbres y maneras de pensar. ¿Es que queremos ser reconocidas como ellos en la sociedad? En esta aventura que seguiremos juntas te mostraré cómo en los inicios del tiempo sí lo éramos, teníamos poder.

Algunas mujeres piensan que porque podemos votar, manejar autos y camiones, vestirnos como queremos y recibir educación (inclusive según las estadísticas, más que los hombres), solo por esas cosas, tenemos el poder.

Desgraciadamente hay muchas mujeres en otras partes del globo que ni siquiera tienen esos derechos y son maltratadas todos los días de su vida. Son nuestras hermanas y necesitan que las ayudemos. Existen lugares en este mundo donde la mujer no tiene ni voz ni voto, vive sometida, no le permiten expresarse, y las decisiones sobre su vida las toman los hombres. Pues eso me suena como muy cerca, ¿no crees?

Después de analizar estas realidades, ¿crees que podemos decir que se nos trata igual que al hombre? En nuestro entorno, la desigualdad laboral todavía es evidente, al igual que el sexismo. Sin embargo, las mujeres nos hemos abierto espacios en ámbitos educacionales, laborales, culturales y también deportivos. Es verdad que nuestras voces hoy son más escuchadas: tenemos mujeres presidentas, senadoras, congresistas; muchas de ellas abogan por la igualdad y los derechos humanos de ambos sexos. Hemos logrado posiciones importantes, pero sin alcanzar la equidad en los salarios y las compensaciones. Muchas veces, cuando tomamos una posición importante, nos ponen el título de «trepadoras», o quizás hasta especulan: «Se acostó con alguien». Pero cuando estos mismos logros los alcanza un hombre, dicen que es «audaz».

No pretendo que este análisis parezca algo en contra de los hombres. Hay muchos de ellos que saben abrazar el lado de la justicia femenina, reconocen en ellas su poder y educación, y buscan su sabiduría. Son hombres evolucionados, que inclusive admiran en la mujer su feminidad.

Este es el clamor que tengo en el corazón: quiero que se me reconozca como mujer, con mi ternura, mi cariño, mi sabiduría, mi sensualidad, y que se me respete por todo lo que significa ser una mujer.

Pero también siento que tenemos que luchar por aquellas mujeres cuyas voces no se escuchan porque tienen temor de decir lo que sienten. Existen hombres como George Clooney, dispuestos a ayudar a las mujeres que sufren en otras partes del mundo.

Una de las cosas que debemos aprender es a tener una perspectiva más global de la realidad y trascender nuestro patio para interesarnos por el resto de la humanidad; esto es una señal de desarrollo de valores.

Valdría la pena preguntarnos si nacimos para labrar intensamente en defensa de nuestros derechos. Acepto que es saludable reconocer cualquier logro, pero también analizo por qué tenemos que reclamar los derechos que un poder supremo nos concedió. Por eso decidí explorar la historia, nuestro papel en este devenir, y poco a poco me fui adentrando en los tiempos prehistóricos para reencontrar nuestra naturaleza.

La mujer en la historia del mundo

Es cierto que eruditos de religiones como el judaísmo, el cristianismo y el islam representan a su Dios como un hombre. Pero esto es relativamente nuevo en la historia de la humanidad.

Hay investigaciones arqueológicas que apuntan a la importancia concedida a la mujer en el mundo prehistórico, y más que nada en las religiones de civilizaciones milenarias.

Cuando se buscan pruebas de esas épocas, tropezamos con el obstáculo de que faltan documentos escritos de, por ejemplo, nueve mil años atrás. Sin embargo, disponemos de las imágenes y los códigos que han quedado, y que representan mensajes de sus gentes y sus culturas.

Estudios recientes reflejan que en la era del Neolítico y el Paleolítico hubo religiones donde su poder supremo estaba representado por diosas. En áreas donde se han hecho excavaciones prehistóricas, en países como España, Francia, Italia y los países balcánicos, se han hallado templos, estatuillas y artefactos que reflejan culturas en las cuales las imágenes adoradas eran femeninas. También se han encontrado evidencias similares en lugares como la Turquía de hoy, Grecia, y en las islas de Malta y Creta.

¿Cómo podemos saber que la imagen femenina fue adorada en esos tiempos? Al encontrar estas figuras y pinturas en lugares sagrados donde se enterraban a los muertos, se puede determinar que las mujeres eran las sacerdotisas, las mediadoras entre el mundo espiritual y el terrenal.

Además, las estatuillas de mujeres eran tan abundantes que por cada veinte representaciones femeninas había una de hombre.

Los arqueólogos han observado que muchas de las estatuillas tenían en la cabeza unos tocados en forma de recipientes, en los que fueron halladas trazas de aceite y carbón, lo que indica que habían sido utilizados para hacer ofrendas a las deidades.

Las tradiciones y costumbres también trascendieron hasta nuestro tiempo de forma oral, además de los dibujos y las figuras. Gracias a ellas hasta nosotros han llegado lo que se conoce como mitos. Los estudiosos de la religión definen los mitos como historias sagradas que, aunque no representan una verdad histórica, sí comunican una verdad simbólica.

Muchas sociedades de aquellas épocas tenían mitos, historias que reflejaban a la mujer como responsable de la creación del mundo, ayudante de su desarrollo e inclusive con el poder de regenerarse después de un tiempo de haber muerto.

Nos relata Elinor Gadon, historiadora religiosa, que el antológico monumento Stonehenge, perteneciente a la llamada Edad del Bronce, en Inglaterra, elaborado con piedras gigantes que forman circunferencias, corresponde a una representación de cómo la gran diosa evolucionó de la niña a la joven, después a la madre, y de ahí a la bruja o mujer sabia, que era el significado de la palabra *bruja* en aquellos tiempos.[1]

Al pasar los años, los mitos se conocieron por medio de la escritura. Alrededor de 3500 A.C. encontramos alabanzas a la diosa madre en forma de poemas e himnos.

La creencia de los egipcios era que la creación de la tierra venía del cuerpo de la diosa madre.

En muchas otras civilizaciones encontramos también poemas e himnos glorificando a su deidad, la cual se representaba en una mujer. La mayoría de estos alababan características como la compasión, el amor, la protección, y destacaban a la deidad como responsable de cuidar y alimentar a sus hijos.

Por otra parte, en algunas sociedades precristianas europeas, estas diosas se representaban en una trinidad. Primero la virgen, después la madre y al final la bruja o sabia.

La diosa virgen ofrecía la promesa y el potencial de la fertilidad porque tenía dentro de sí el gran poder de la reproducción de la vida. La diosa madre compartía el poder de la abundancia y el alimento con sus súbditos y fieles, que también recibían sus bendiciones.

La diosa mayor, identificada con la bruja o sabia, no utilizaba el poder para reproducirse, pero sí lo desarrollaba en la sabiduría, y sus consejos eran apreciados por los creyentes.

El símbolo gráfico de esta trilogía en una deidad era la luna, que como sabemos representa altibajos en sus tres fases visibles de creciente, luna llena y cuarto menguante.

Estos ciclos de la luna son como el ciclo menstrual de la mujer, que también tiene el potencial de la vida.

Asimismo, en este viaje a través del tiempo podemos ver que en esas sociedades prehistóricas el linaje de las personas se rastreaba por la línea materna en lugar de por la paterna como ocurre hoy.

¿Por qué? Pues porque en aquella época la única que tenía la verdad del hijo era la madre.

La participación del hombre en la reproducción de un hijo no siempre era comprendida, ya que como el periodo que trascurre entre la copulación y el nacimiento del niño es de tantos meses, en tiempos ancestrales no entendían que ambos hechos estuvieran relacionados.

Es más, esta visión de las cosas servía para ensalzar a la mujer por su poder de reproducción; además, ella podía nutrir a través de sus pechos y así alimentar a sus hijos.

A este tipo de formación social se le conoció como «sociedad matrilineal». Inclusive cuando un hombre se unía a una mujer dejaba a su anterior familia, y pasaba a formar parte del clan de su mujer.

Al encontrar las tumbas de estas sociedades, puede verse que la de la madre era la más grande, ocupaba el centro, y contenía más ofrendas que las de su pareja e hijos.

Igualmente, como la madre sí sabía quiénes eran sus hijos, ella les pasaba sus propiedades, y también la familia, así la familia maternal se convertía en la de los hijos.

Estas sociedades existieron en las formaciones tribales de Irlanda, en el primer milenio A.C., donde el hijo se identificaba por medio de la tribu maternal. En el presente podemos observar que en España y otros países latinos, los hijos llevan los apellidos del padre y también los de la madre.

En la actualidad se observan civilizaciones matrilocales entre los indios Keres de Laguna Pueblo, en Nuevo México, donde continúan esas tradiciones.

Este tipo de civilizaciones fueron muy pacíficas, cooperativas con todos los miembros, y se comportaban como lo que llamaríamos hoy «las comunas». Otro detalle es que tenían un gran sentido de igualdad que reflejaban hasta en la similitud de las viviendas. Estas sociedades no fueron matriarcales, pues el papel de la mujer no era el de implantar un dominio. En ese tiempo, el hombre y la mujer eran socios.

En las excavaciones de estas comunas cuya principal actividad era la agricultura, se ha podido comprobar que se asentaban en valles fértiles y no erigían murallas alrededor, pues no temían a las guerras. Tenían una sociedad pacífica.

Al estudiar la cultura romana, se puede ver que los romanos incorporaron muchas de las deidades de los griegos, incluyendo las funciones y formas de sus diosas. En el primer siglo A.C., ellos utilizaron la representación de la diosa griega Cibeles, a la que llamaron la Gran Madre, también usaron a Isis, de Egipto, que ganó muchos adeptos en Italia. Después con el advenimiento del cristianismo, en el siglo IV sustituyeron a la diosa Isis por la Virgen María.

Existe una gran similitud entre la Virgen María con el niño Jesús en brazos, y la imagen de Isis con su hijo Horus en el regazo.

En este recorrido imaginario podemos apreciar cómo la humanidad se fue desarrollando con una serie de cambios que permiten hacernos una pregunta para el propósito de nuestro viaje: ¿qué pasó con nosotras las mujeres?

Al parecer, el mundo donde el hombre y la mujer vivían en armonía y ninguno de los dos dominaba sobre el otro, donde prevalecía la compasión y no había guerras, cambió totalmente. La forma de pensar comenzó a ser otra, y se cometió una de las más insidiosas conspiraciones; la mujer se convirtió en un objeto, en un instrumento para la procreación, y dejó de ser respetada y considerada. En aquellos tiempos, como mencioné, éramos las que sanábamos, las sacerdotisas naturales de nuestros compañeros, hijos y amigos. Nos desviamos de la conexión que teníamos con el otro mundo, nos desviamos de una dimensión superior. Creo que porque, en algún momento, el poder se nos fue a la cabeza y quisimos dominar por medios oscurantistas.

Estarás de acuerdo conmigo en que a la vuelta del tiempo lo que tenemos son siglos en los que la agresividad, la competencia, la dominación y el control son el orden prevaleciente en las estructuras sociales.

Tras caer en el estado de la relación hombre-mujer conocida en los tiempos modernos, hemos visto años de ridiculizar a la mujer, a sus poderes de intuición, a su ternura. Si nos fijamos en las religiones, la representación de la mujer pasó a un segundo plano. Aunque sigamos teniendo a María, la madre de Dios. Fijémonos en el poder que representa la Virgen María en el mundo que nos rodea. Ella puede representar el regreso de la mujer que sana las heridas y que sin dejar sus cualidades femeninas tiene una fuerza increíble porque es la madre.

Hasta este punto de nuestro viaje debo decirte que quizás las referencias que has tenido sobre algunas de las cosas mostradas no coinciden exactamente con lo que te he narrado.

En lo que sí seguramente estarás de acuerdo conmigo es en reconocer que la fuerza de nuestro poder es interior, pero para poder aprovecharlo tenemos que creerlo así.

Te aseguro que continuamos teniendo la misma fuerza espiritual de las primeras mujeres que poblaron el planeta, y las habilidades para continuar siendo intermediarias y conciliadoras en todos los aspectos de la vida.

El reto está en proponérnoslo y conseguirlo.

CAPÍTULO 2

Lo que nos encarcela: Mensajes negativos de la infancia

Después de recrearnos en el capítulo anterior con esas historias que nos permiten saber cuán valiosas fuimos desde el inicio de los tiempos, para esta parte del viaje te invito a que reflexionemos acerca de cómo se va conformando nuestra psicología desde la infancia, y cuáles son los aspectos que pueden influir en ella.

Para comenzar, deberíamos hacernos esta pregunta: ¿cuándo es que una semilla sabe que va a convertirse en una fruta o en un árbol frondoso? Me imagino que no tienes la respuesta, pero en el supuesto de que la tuvieras, aun así, de seguro no sabrías exactamente lo que sería o cuál propósito cumpliría en este mundo.

En ciertos casos, la semilla es trasladada de un sitio al otro por el viento. Otras veces la transporta un ser humano que después la siembra, le provee sustento regándola con agua y exponiéndola a los rayos del sol, y así crece y germina en un ambiente donde le han abierto el camino para lo que debe ser. Así crece como una planta, le brotan ramas y hojas que florecen y dan frutos, y continúa un curso lógico al que no opone resistencia, hasta que alguien utiliza su cosecha para alimentarse y después nuevamente queda una semilla como legado y continuidad de la que antes fue.

Nosotros, al igual que la semilla, nos dejamos llevar e influenciar por las circunstancias del medio ambiente en que vivimos. Nuestros padres, maestros, amigos y demás personas tienen una participación en esto; desde pequeñas alguien nos enseña a tomar conciencia de lo que significa ser mujer.

Nuestras primeras experiencias las definen los seres que nos rodean. Inclusive los líderes políticos y gobernantes del lugar donde crecemos, la religión y nuestra cultura. Con esa carga pesada a las espaldas comenzamos nuestra ruta, pero aún sin conocer nuestra verdadera naturaleza.

En mi caso, mis padres, mi hogar, mis familiares, mi escuela, mi estatus social y la religión que profesaba mi familia me definían, me dictaban lo que otros esperaban de mí, y también lo que no consideraban aceptable.

Escogieron que como niña yo debía ser diferente de mi hermano, Tony. Él tenía más derechos que yo, por ejemplo, podía ir al parque enfrente de mi casa, jugar con otros niños, patinar, montar bicicleta, mientras a mí me regalaban la bicicleta, pero no podía montarla en la calle, «las niñas no hacen eso», me decían. Entonces para qué me la regalaban, me preguntaba.

Por este tipo de actitudes comencé a sentir que estaba en una cárcel. Recuerdo que un día mirando a los pajaritos que tenía encerrados en jaulas sentí mi frustración reflejada en ellos y les abrí la puerta. Todos se fueron, excepto uno que le decíamos «negrito». Los canarios pusieron «pies en polvorosa» y ¡desaparecieron! ¡Qué envidia me dieron! Mientras, yo estaba reconociendo que cuando me abrieran la jaula, o si yo lograba romperla, inmediatamente alzaría el vuelo y no me quedaría en casa.

Fueron muchos los momentos en que me rebelé, pero mis padres no se dieron cuenta, pues al mismo tiempo nunca llegué a sentir ira contra ellos, o por lo menos no lo recuerdo; no les demostraba mi inconformidad con mala cara ni gritos. Más que nada creo que es mejor no recordarlo. Mi naturaleza no era de resentir, sino de rebelarme por mi cuenta, a mi manera.

Una vez me escapé de mi casa. Para entonces vivíamos en El Vedado, una bella barriada grande y residencial de La Habana. Me fui al parque a patinar, pues una de mis amiguitas y vecina llamada Ibis lo haría también. Yo no sabía cómo, pero me fui, patiné y me raspé las rodillas de tanto caerme mientras me tiraba desde un pendiente en el parque. En una de las caídas me quedé sin aire. Sin embargo, nada me dolió porque sentía la alegría de haberme escapado. Regresé saltando por una ventana y me limpié lo mejor que pude. Ni se dieron cuenta. Comprendí que yo era atrevida y arrestada, y descubrí esas características de una parte de mi carácter.

Mi madre era la que me recogía al salir de clases. Asistía al Instituto «Hubert de Blanck» donde aprendí a tocar el piano y estudié todo lo relacionado con la música. Una vez mi madre no pudo ir y mi padre me mandó a recoger con un chofer. Para entonces ya tenía unos doce años, me encontraron hablando con un muchacho y se lo dijeron a mi padre. Me gané un sermón terrible y mi pobre madre también recibió un regaño por no haberme ido a recoger. Por supuesto, bastó saber que no le había gustado a mi padre, para que yo sintiera que a mí sí, y entonces descubrí la parte retadora y terca de mi personalidad.

De adulta, muchos años más tarde, en una reunión de los comisionados de la ciudad donde vivo, tuve que presentar mi caso, pues injustamente me estaban cargando miles de dólares por una cerca. Qué sorpresa me di cuando vi quién era el joven que presidía el encuentro. Lo conocía de nuestra juventud, aunque él no me recordaba. «Vamos a hacerle caso —dijo— yo la escucho en la radio; si no terminamos esto, nos dejará aquí sentados tres horas», aseguró a todos. Como resultado me quitaron la multa, y al final le di una sorpresa. Enfrente de los demás le dije que aunque él no se acordaba de mí, yo sí, y que él había sido el primer muchacho en el que me fijé siendo adolescente. Todo el mundo se echó a reír con mi ocurrencia y entonces caí en cuenta de que también podía ser arrestada.

En una época, inspirada en las historias de misioneros que contaban en mi escuela, me dio por pensar que yo podía serlo. También me fijaba en la actitud de una de mis tías, Sor Elena, a quien visitaba en el asilo donde ella cuidaba a ancianos desamparados. Me inspiraba su labor y el bien que hacía. Durante mis visitas los domingos me sentaba al piano y tocaba música mientras muchos de ellos cantaban y bailaban.

En ese tiempo comencé a orar, meditar y leer libros espirituales, pero nunca en la escuela porque allí ¡pobre de la que se le ocurriera leer la Biblia, sobre todo el Antiguo Testamento!

Desde esa época comencé a rezar por mis amigas, mis compañeras de estudio, mi familia y por los niños del mundo entero. Sin percibirlo ni saber que estaba sucediendo esa evolución en mí, empecé a dar los primeros pasos en el camino de la espiritualidad. Se trataba de un sentimiento simple, externo, no tan intenso como el que se desarrolló años más tarde por circunstancias de la vida en las que me vi cara a cara con el dolor y busqué entonces ese mundo espiritual que tanto necesitaba.

Pasos necesarios

El camino que hay que transitar, y que realmente nunca acaba, para llegar a conocernos a nosotras mismas, lo comparo con el descenso por un desfiladero, un barranco profundo evadiendo obstáculos.

En este transitar, a veces pierdes el balance y luego lo vuelves a recuperar en la búsqueda del interior de ese ser que, después de haber sido hija, esposa, madre y amante, cree que puede abrazar una nueva imagen.

Por ejemplo, yo en plena adultez y con conocimiento de mis actos, he permanecido en la búsqueda permanente de mi diosa interior. Pero se necesita un balance entre el cuerpo y el alma. En ese bajar precipitado mientras me he buscado, durante un tiempo asistí a reuniones de los doce pasos, a veces durante los siete días de la semana, en instituciones de ayuda como Coda, Alcohólicos Anónimos, AL-ANON y otras, pues allí me sentía acompañada por el dolor ajeno.

Cuando asistía a estos encuentros no hablaba, solo escuchaba y de esa forma ¡cómo aprendía!

Quién me hubiese dicho que esas vivencias, años más tarde, me servirían para ayudar a tantos a encontrar la paz y la luz en sus vidas. Mientras me hacía partícipe de los testimonios contados, se me olvidaba comer, la noche se convertía en día, y me lograba dormir solo diciendo la oración de la serenidad. Al comenzar el día me enfrentaba con mis obligaciones comunes, el trabajo, el pago de las deudas cuando podía, y además recordaba que mis hijos, aunque grandes ya, necesitaban de mi amor y cariño.

Para ese entonces me sentía culpable de haber disuelto mi matrimonio, de haber roto lazos con la persona que había amado profundamente, y también de haber desbaratado con una firma la ilusión de papá y mamá que mis hijos tenían, o al menos creía que tenían.

En ese desfiladero de mi vida y mis pensamientos sufrí una caída física de mis propios pies, en mi casa, subida encima de una escalera de diez pies de altura, tratando de colgar un cuadro en la pared. Me destrocé una de las rodillas, me tuvieron que operar y me colocaron una prótesis.

Recuerdo que un día mientras me recuperaba de esa cirugía bajé de la cama y arrastrándome por el piso logré alcanzar unas vendas, después llamé a una vecina para que me alcanzara unas muletas, me inmovilicé la rodilla y así, con un dolor terrible, conseguí esa noche acudir a una cita con un hombre al que más que nada tenía temor de desilusionar. Este es un ejemplo de lo que puede hacerse por codependencia.

Esa fue la época en la que empecé a tomar conciencia de que estaba sola, que emocionalmente estaba seca. Trataba de encontrar respuestas en distintos tipos de libros que leía constantemente, ninguno novelitas rosa, pues yo no quería sentir emociones amorosas.

Eran momentos en los que en lugar de un cuerpo cálido a mi lado, mi colchón se balanceaba por el peso de muchos libros. Así me despertaba en medio de la noche, leía algo que me inspiraba y calmaba mis pesadillas.

Siempre mantenía cerca el libro de Melody Beattie, *El lenguaje del adiós*; me daba consuelo y servía de guía cuando me recreaba en las reflexiones contenidas en sus páginas. El texto se basaba en el concepto de que cuando el problema es muy grande, tienes que dejarlo ir, ya no es tuyo, tienes que dejárselo al que pueda con él. Es por eso que siempre lo recomiendo a todos aquellos que les cuesta abandonar una relación tóxica, una adicción, una obsesión.

Tengo también que aceptar que para poder conocer mi naturaleza tuve que abrazar no solo lo bueno de mí, sino también la llamada «sombra» que todos tenemos. Esas son nuestras debilidades, o inclusive nuestras necesidades escondidas, que operan de forma similar a las papas que se acumulan y pudren, hasta que su olor nos hace reaccionar y pensar: *Yo no puedo ser esa, yo no soy así, esa no es mi naturaleza.*

En el proceso de reflexión de toda mi realidad, de seguir el curso de los doce pasos, me pude perdonar a mí misma y perdonar a los demás. Aprendí a hacer enmiendas y abrazar todo lo que soy.

Aunque este periodo fue lento y doloroso, me liberé y logré despertar a mi diosa interior.

En el proceso de convertirnos en mujeres fuertes, nos separamos de nuestra naturaleza femenina para tener éxito, no solo en nuestra familia, sino más que nada en el mundo profesional, y empezamos a tener actitudes masculinas desde un cuerpo de mujer.

Esto puede afectarnos la percepción de los ciclos emocionales, incluso dañar nuestra sexualidad, pues comienzan a desconectarse las emociones de lo que ya conocemos, y puede iniciarse una etapa de búsqueda hacia lo desconocido.

Puedes comenzar entonces a comportarte como la diosa seductora, capaz de olvidar el amor que viviste, ya sea por heridas y despechos recibidos, sin darte cuenta de que en ese momento todavía no estás suficientemente sana para encontrar lo que pudiera ser una relación sana.

En uno de los libros de mi otra gurú, Marianne Williamson, la escritora nos cuenta una historia que relata cómo en medio de la recuperación de una relación perdida, se puede experimentar atracción hacia los hombres llamados «peligrosos», pues según nos dice, cuando estás realmente enferma, no reconoces una serpiente aunque la veas.

Cuando estás comenzando a recuperarte la puedes ver, sabes que es una serpiente, pero sigues jugando con ella. Si llegas a alcanzar una auténtica recuperación, ves la serpiente, la reconoces, te percatas del peligro y te alejas.

Si te estás recuperando y llega alguien que no te conviene, quizás muchas personas te avisan, pero la diosa que te hace sentir poderosa también te lleva a creer en la posibilidad de hacerlo cambiar porque tú eres diferente o porque sientes que lo entiendes y que has visto quién es realmente. Es un proceso que te llama, que te conduce hacia el dolor.

Esta etapa nos hace pensar y analizar, entonces comenzamos a comprender nuestro dolor y a descubrir así nuestro poder interior.

La sociedad donde vivimos nos hace creer que el poder está en el exterior, en lo que logramos, y no en nuestros poderes internos. Mientras no lo aceptemos tal como es, el poder no se expresa, está ahí pero no sabes cómo acceder a él.

Cuando la mujer puede integrar toda su feminidad, su útero, sus instintos maternales, y también su sexualidad, es cuando ese poder aparece sutilmente, no demandando que se le reconozca, sino por lo que simplemente es.

Cuando esto ocurre, se habrán unido tu corazón, tus sentimientos y tu sabiduría, y a partir de ahí es que puede comenzar el ciclo del éxito.

Conocer nuestra naturaleza es la clave para tomar noción del rumbo que daremos a nuestra vida. No importa a la edad que haya que hacerlo. Sería muy triste que cuando uno esté en el final de la vida tenga que preguntarse lo mismo que Iván Ilich, un personaje del novelista León Tolstói, mientras moría. Él llegó a preguntarse si toda su vida habría sido un error, una farsa.[1] Por eso no importa la edad que tengas, si estás viva, ¡aún estás a tiempo!

Algunas de ustedes pensarán cómo es que al cabo de tantos años podrán cambiar su realidad y alcanzar sueños, la pasión por el arte, la música. Nunca es tarde, si escuchamos nuestra voz interior, esa nos llevará a encontrar nuestra propia naturaleza.

Para encontrarte tienes que buscar momentos de silencio, de tranquilidad. No te dejes llevar por los que te dicen: «Estás loca, ¿ahora qué vas a hacer?».

Recuerda que llevas una melodía dentro de ti que solo tú puedes escuchar, y si lo haces, estarás aprendiendo a moverte con tu propio ritmo. Los demás tienen otro ritmo, quizás se han dejado llevar por la vida, sin preguntarse quiénes son y a dónde van.

Cuando tomes esa decisión, muchos pensarán que ya no eres como antes, que has abandonado la vida que tenías, que tienes otros intereses, es más, que los has olvidado. Los que te aman de verdad te dirán que lo hagas, y tendrás el apoyo de ellos.

Lo importante es que no olvides quién eres y cuál es tu naturaleza, la que has encontrado; ¡abrázala!

También buscarás a otras personas que se convertirán en tus nuevos amigos, pues serán similares a ti, y compartirás con otros que también están en la búsqueda de su propia naturaleza.

Es posible que te cueste encontrar esos momentos de silencio, o los espacios que te permitan meditar y pensar. Ciertamente vivimos en un mundo con demasiado ruido. Nos rodean los medios de comunicación; la tecnología, de la cual en cierto modo dependemos. Si no estamos con el televisor encendido, aunque nadie lo esté viendo, estamos constantemente revisando correos electrónicos, escuchando música, oyendo el ruido normal de la vida moderna, de la ciudad, los autos, el tráfico, los equipos de construcción. Te lo imaginas ¿verdad?

Ese mundo veloz nos confunde, nos empuja hacia situaciones ante las cuales nos cuestionamos nuestra presencia, o nos quejamos porque no nos gustan. Pero si tomamos conciencia de lo que nos molesta empezamos a ver una pequeña luz, una claridad que es parte de nuestro espíritu, el de nuestra naturaleza, y comenzamos a querer seguir esa señal.

Si nos damos tiempo para meditar, para leer libros que nos guíen, podremos caer en cuenta de que todo lo que constituye nuestro pasado, nuestras experiencias negativas, no son ya parte de la realidad física del presente, sino que son como nubarrones que veremos pasar y trataremos de alejar de nuestra mente.

Mi vida y la de muchas de ustedes es como un libro, y un libro tiene muchos capítulos, personas que entran y salen, y que son los personajes que alimentan la historia y la novela de cada una de nosotras. Sé tú la escritora de cada página de tu historia. Abraza todas tus experiencias, recuerda que cada una de ellas te ha traído hasta este punto.

Cuando tomes esta determinación, dejarás ir aquellos comportamientos o personajes que no te funcionen ya, que no sirven para el propósito de la siguiente etapa de tu novela.

Este paso es muy importante, tal como escribí hace años en el libro *Los 7 pasos para ser más feliz*. Para comprendernos mejor, tenemos primero que reconocer los pensamientos que desde pequeños nos hemos formado acerca del mundo. Esas experiencias nos van forjando creencias, unas positivas y otras negativas.

Por ejemplo, si estás convencida de que no tienes suerte, pregúntate ¿por qué creo eso? ¿Quién me enseñó a creerlo? ¿Cómo ha afectado mi vida esta creencia? ¿Qué serie de circunstancias respaldaron esa creencia? También debes hacerte esta otra interrogante: ¿esa creencia contribuye a mi felicidad o me hace sufrir? Asimismo, debes reflexionar en qué ocurriría en tu vida si no tuvieras esa creencia.

Con estas sugerencias solo quiero animarte a que analices desde cierta distancia cómo vives tu vida. Que observes cómo esas creencias forman en ti una versión de la realidad, de lo que piensas que es la verdad, sin cuestionártela, ¡y no es así!

Por eso comienzo por enfocarme en la época de la niñez, porque es el momento en que muchas de tus creencias se forman.

Los siguientes puntos son para analizar cómo estas creencias dictan el curso de tu vida ahora, ¿lo sabías?

Por ejemplo, trata de responderte las siguientes preguntas:

- ¿Qué crees acerca del éxito? ¿Lo has experimentado?
- ¿Qué piensas de las relaciones? ¿Te sientes querida?
- ¿Qué opinas sobre el dinero, la salud, el trabajo, la espiritualidad, el bienestar?

- ¿Qué opinas sobre ti misma? ¿De haber nacido mujer, cuáles son tus cualidades más importantes?
- ¿Cómo te sientes acerca del mundo a tu alrededor?

Sobre cualquier convicción que defina tu actuar, pregúntate: ¿cómo se originó esa creencia? ¿Quién te dijo que era cierta? ¿Por qué la aceptaste como cierta?

Después de hacer este análisis, escribe las respuestas para que puedas hilvanar las experiencias que han ido forjando tus creencias. De esta forma te darás cuenta de que también de tus creencias nacen tus emociones.

Cuando alguna persona me comenta cualquier problema que tiene en sus relaciones, muchas veces la sensación de abandono, de falta de amor, de baja autoestima, en la mayoría de las ocasiones puedo percatarme de que esos sentimientos vienen de creencias formadas en la niñez.

Las emociones que se viven en la infancia resurgen luego de alcanzar la adultez, y es entonces cuando resulta necesario identificar de dónde vienen. Por eso es importante que un niño no deba callar sus emociones, pues pasados los años volverá a sentirlas y de seguro saldrán a relucir. Si esas emociones se procesan adecuadamente en la edad adulta no volverán a salir y, por tanto, no afectarán el comportamiento de la persona.

Por ejemplo, si te sientes insegura y eres celosa, casi siempre detrás de eso estará la creencia de que no eres bonita ni te mereces que se te respete, entonces debes pensar: *¿De dónde sale esa opinión que tengo de mí?*

En un caso como este tienes que volver al suceso y a la emoción que hay detrás de esa creencia. Quizás sea porque cuando tenías doce años escuchabas a tu madre decirle a tu padre: «Ella no es tan bonita como su hermana». Cuando te sientas insegura, regresa al momento del episodio inicial y reconoce lo ocurrido. Dolió que tu madre dijera eso, pero también te podrás preguntar: ¿por qué lo pienso todavía si otras personas me han dicho que soy atractiva? Lo que has estado manteniendo en tu mente es la creencia alimentada por la emoción de aquel momento pasado, y has dejado de tener en cuenta el presente.

Recordar los episodios del pasado para analizarlos en el presente ayuda a cambiar nuestra reacción emocional a esos momentos vividos.

Este pasado, tu infancia y sus recuerdos son los que te atan, y de ellos te tienes que liberar. Si retomamos ejemplos de vidas de mujeres reconocidas podremos ver cómo este proceso de formación de las creencias se cumple.

En México tenemos el ejemplo de la conocida Malinche o doña Marina, a la cual me acerqué a través de la historiadora Fanny del Río, quien escribió *La verdadera historia de Malinche*. En el libro, la autora explora las treinta cartas de la protagonista dirigidas a Martín, el hijo que procreó con el conquistador de México, Hernán Cortés, en las cuales le cuenta la verdad sobre su vida.

Analizando a esta mujer pude ver que gracias a su inteligencia llegó a ser la intérprete de Hernán Cortés, el puente entre los de su raza y los conquistadores.

Ella se convirtió en una de las figuras más polémicas de la conquista española. Perteneció a una familia noble, resultó esclavizada con la llegada de los colonizadores, y se convirtió más tarde en la persona de confianza del explorador, a quien le dio un hijo. Algunos la ven como la traidora de los aztecas, mientras que otros la consideran el chivo expiatorio del fracaso de Moctezuma, que no defendió su reino.

Sin embargo, cuando analizamos la niñez de esta mujer entendemos la razón de muchos de sus actos. Era original de la provincia de Paynalla, en Coatzacoalcos, en la región de Veracruz al sur de México. Según relata en una de sus cartas, la segunda, ella nació

en un lecho de rosas, fue la primogénita, y su padre la reverencia-
ba, le llamaba Malinali, que en lengua mexicana quiere decir
«trenzar sobre el muslo». Según le contaban, al salir del vientre de
su madre se resbaló de las manos de la partera que, al tratar de
aguantarla, la recogió en su falda doblada y por eso decidió nom-
brarla así para marcar su destino.

Su padre fue muy importante en su vida, a tal punto que ella
se veía como una niña con temperamento de varón. Creo que con
esto quiso decir que era fuerte y determinada de carácter. El
padre, gobernante de estado, fue un estudioso de los cuerpos
celestiales. Hizo construir un observatorio siguiendo las indica-
ciones del mismo arquitecto que diseñara el observatorio de
Motecuhzoma Xocoyotzin. Esa pasión del padre le permitió a la
niña aprender sobre el firmamento, y esto a su vez le sirvió de
gran ayuda cuando tuvo que ayudar a Cortés con el diseño de la
estrategia de la guerra.

Con su padre también aprendió a ser comedida, y a nunca
quejarse de los contratiempos o sufrimientos.

Cuando el padre fue llevado por los enemigos, ella se hundió
en una depresión terrible, y hasta llegó a dudar de su dios. Más
tarde, él fue sacrificado en la piedra ceremonial. Un afilado facón
de obsidiana le arrancó el corazón cuando aún latía, y después su
cuerpo herido rodó por las escalinatas del templo consagrado a
Huitzilopochtli.

En ese momento ella sintió que era maldito el poder de México-
Tenochtitlan. Sus palabras de lamento fueron: «El águila rapaz,
devoradora de la flor del cacto, alimentada con sangre de jóvenes,
el horrible pájaro imperial con el hocico bermejo mató a mi padre,
mi semejante, mi creador, mi amigo, mi protector, guía de mi vida,
luz del sol».[2]

Ese lamento, esas circunstancias, la destinaron a la tierra de la
gente del este, al pueblo de comerciantes. Después de la muerte de

su padre, el concubino de su madre se la entregó como esclava a los traficantes para poder darle el cacicazgo a su próximo hijo.

Con los años, ella consideró que sin este intercambio no hubiera podido aprender la lengua maya, y con ello poder servir a Cristo y al capitán Cortés. Su vida con los traficantes de niños fue como la de una esclava, terrible. Estas circunstancias de su vida la llevaron a convertirse en La Malinche.

Viajó en cautiverio desde su región natal de habla náhuatl, hasta las regiones de habla maya en Yucatán. Durante esa época, Hernán Cortés había llegado desde Cuba a la costa de Tabasco con su intérprete, Jerónimo de Aguilar, quien había aprendido el maya tras haber sido esclavizado por los mayas de Yucatán.

La niñez, experiencias, creencias y emociones vividas de la Malinche la guiaron para poder ser el agente instrumental de los españoles.

Analiza esta historia que te he contado y después piensa en la tuya.

La realidad del machismo

Además de los mensajes negativos de la infancia, el machismo es otra de las realidades que nos encarcela. Por lo menos nos encarceló durante siglos; ahora es cierto que podemos votar, participar en la selección de nuestros gobernantes y representar a los ciudadanos.

Al llegar a este punto quisiera reflexionar contigo acerca de la realidad de la mujer latina en Estados Unidos.

Según los últimos datos obtenidos en el censo de 2010, las mujeres estadounidenses por primera vez han sobrepasado a los hombres en la obtención de títulos universitarios tales como licenciaturas, maestrías y doctorados.[3]

Entre las mujeres latinas que residen en este país ocurre una tendencia similar. Las latinas se están graduando de las universidades en un mayor porcentaje en relación con los hombres latinos. También las latinas son el segmento con más rápido crecimiento en el mercado femenino y el más influyente dentro de la población hispana hoy en día.

Aunque haya motivos para celebrar lo que está ocurriendo, es de pensar y analizar que esa realidad puede ocasionar una falta de igualdad con consecuencias para el núcleo familiar.

En el primer capítulo te hablé de la importancia de la línea materna. Pero también te dije que en esa época había un sentido de igualdad, no estábamos hablando de un matriarcado, que significa poder absoluto de la mujer.

La sociedad hispana tiene que evitar convertirse en un grupo mayormente matriarcal, como ocurrió por distintas razones con los afroamericanos, que han estado haciendo esfuerzos para detener esa corriente. Devaluar la importancia del hombre en el núcleo familiar, situación que ya estamos observando, conlleva muchos problemas de abuso de alcohol, drogas, pérdida de hábitos de trabajo, en otras palabras se está «castrando» al hombre, y eso no debe ser permitido.

Varios estudios demuestran que los niños varones que proceden de hogares sin figura significativa paterna tienen muchas menos probabilidades de asistir a la universidad, mientras que ese mismo efecto no ha sido evidente en las niñas.

Estimados de 2009 indican que el cuarenta y un por ciento de los nacimientos en Estados Unidos se produjeron fuera del matrimonio. En 2008, según el centro de investigaciones Child Trends, el setenta y dos por ciento de los nacimientos entre mujeres negras, el sesenta y seis por ciento entre las mujeres indígenas y el cincuenta y tres por ciento entre las mujeres hispanas se produjeron fuera del matrimonio, en comparación con los niños nacidos de mujeres blancas.[4]

Por lo tanto, entre los hispanos y otras minorías tenemos una gran proporción de niños sin padre, lo cual se debe a factores tales como la desigualdad de los derechos de los padres en la corte familiar, y la posición favorecida de las madres en cuestiones de divorcio y custodia de los hijos. Preguntémonos por qué. Si el hombre no demuestra interés ni voluntad de mantener a sus hijos, o tiene otros problemas, pues no le otorgan la custodia de los hijos.

Mi preocupación mayor respecto a este asunto es qué pasará si continuamos pensando que el hombre no es necesario en la crianza, si no se le enseña la responsabilidad de que cuando tiene relaciones sexuales está realizando un acto del que puede resultar procreado un hijo. Este mismo grado de responsabilidad se lo concedo a la mujer.

Las madres de hijos varones, en lugar de inducirlos sobre la base de las necesidades a que trabajen cuando terminen el high school, lo que deben hacer es estimular tanto al hijo como a la hija para que estudien y completen una carrera, pues en el futuro tendrán que constituir un hogar en el que ambos tengan cierta igualdad.

Después de detenernos en esto, miremos el otro lado. Aunque la mujer latina está recibiendo sus títulos, gracias también al esfuerzo para ayudarla a tener ese derecho, en cuanto a las posiciones profesionales y los sueldos, el nivel de posibilidades no es el mismo para ella que para los hombres.

Ahí continúa el problema. Una mujer puede tener un título al igual que un hombre, pero si hay una posición abierta, con mucha más frecuencia se la dan al hombre antes que a la mujer. El por ciento de mujeres en puestos claves en las diferentes profesiones es mucho más pequeño en comparación con los hombres.

De acuerdo con un artículo de Mary Osborn, donde se explica cómo lograr la equidad de género en la ciencia, nos damos cuenta de que aunque la mujer está penetrando en carreras científicas en un número superior, gracias a un esfuerzo legal que fue realizado con tal propósito, todavía subsisten innumerables trabas cuando las mujeres intentan ocupar posiciones profesionales tanto en las industrias como en las universidades, donde también la posición ventajosa la tienen los hombres.[5]

Claro que es importante mencionar algunos aspectos que consideramos influyentes cuando sucede la promoción de una mujer. No puede perderse la compaginación del trabajo con las responsabilidades familiares.

En la misma medida en que hay que luchar duramente para obtener el reconocimiento profesional, también hay que hacerlo para que en las parejas donde ambos gozan de un mismo nivel de instrucción, la mujer no se decante por posiciones de menor prestigio, como suele ocurrir.

De acuerdo con el reporte, el problema no se da por falta de talento, sino por los prejuicios involuntarios y la persistencia de estructuras institucionales anticuadas que entorpecen el acceso y avance de las mujeres en el área de las ciencias. Primero, tendremos que cambiar las instituciones; el corazón y las mentes les seguirán después.

Políticamente hablando, en el Senado de Estados Unidos las mujeres representan el veinte por ciento, aunque en el país representan más del cincuenta por ciento de la población. En el Congreso de la nación solo había ochenta y cuatro mujeres en 2015, lo cual representa solo un diecinueve por ciento.[6]

CAPÍTULO 3

La transformación de niña a mujer

Para poder llegar a cruzar esa línea de niña a mujer es necesario atravesar un puente que llamamos adolescencia.

Ese puente no es corto y está lleno de obstáculos. Durante estos años de adolescencia hay cambios que suceden en el cuerpo de la niña transformándola en mujer. Es importante notar que son los aumentos de la volubilidad emocional y el aumento de la emotividad los que acompañan a la niña en sus cambios físicos. Esta es una etapa de crecimiento emocional.

La adolescencia constituye un periodo muy especial en el desarrollo, el crecimiento y la vida de cada persona. Es un periodo de transición entre la infancia y la madurez.

Al igual que las etapas de invierno y primavera, la adolescencia se caracteriza por ser una etapa de pérdida y renovación. Una etapa en la que gradualmente la niña tiene que ir abandonando las actividades con amigas y las relaciones infantiles con los padres, y más que todo, el cuerpo infantil.

Estos cambios están en dependencia de la niña. A pesar de que ellas transitan situaciones similares, todas son diferentes. Cada una tiene una experiencia única. Esta es una época extraña en la cual la niña se descubre y da paso para recibir a la mujer que estará a su lado, cambiando con ella al pasar de los años. La dificultad de esta transformación es que muchas veces los cambios corporales no suelen pasar al mismo ritmo que los cambios emotivos y racionales. En otras palabras, la madurez no siempre va con el paquete exterior.

El gran Aristóteles describió a los jóvenes adolescentes como seres apasionados, irascibles y propensos a dejarse llevar por sus impulsos. Leyendo esta descripción, me pregunto: ¿cuántos adultos que conocemos no han quedado atrapados en esta etapa de sus vidas? La importancia estriba en poder tener las herramientas necesarias para salir de la adolescencia y entrar en la madurez. No importa la edad que uno tenga para hacer el salto de una etapa a la otra. Solo requiere un análisis extenso de lo que estamos experimentando en la vida para poder empezar a dar los pasos necesarios. Requiere adoptar ciertos comportamientos que nos ayuden a elevar nuestra esencia existencial.

En el capítulo anterior mencioné algunos momentos de mi vida durante esa época. Esto lo hice con el propósito de hacerte pensar un poco. ¿Cómo fue esa etapa para ti? ¿Cómo fue el ámbito de tu hogar? ¿Cuáles eran los mensajes verbales que recibías durante tu adolescencia? Tenemos que reflexionar en nuestro pasado si queremos hacer los cambios necesarios para nuestro futuro. Hay que trabajar nuestro ser emocional escavando hasta llegar al centro de aquello que nos impide crecer. Es entonces que el cambio sucede y el crecimiento existe.

Con el cambio viene la incomodidad. El cambio te incomoda porque todo cambio empieza con una decisión que requiere una toma de acción. La comodidad está en lo que conocemos, y lanzarnos a lo desconocido siempre es difícil.

La sexualidad en el mundo de la mujer

Los cambios físicos de la mujer en la pubertad están acentuados por el crecimiento de las caderas y los pechos. Como mujeres latinas al fin, estas dos cosas no son solo parte de nuestra herencia, sino una exigencia de nuestro propio género.

Yo fui bastante inocentona y no tenía la menor idea de lo que era el sexo. Para otras, quizás para ti, el sexo fue algo experimentado, forzado y muchas veces descrito de tal forma que te afiliaba a una idea errónea. La idea de que como mujer naciste para complacer físicamente a los hombres. Esto hacía que te transformaras en un objeto sexual. Acogemos estas ideas debido al comportamiento que nos muestran, o al adoctrinamiento que recibimos cuando somos adolescentes.

La adolescente sufre con los cambios de su cuerpo. Es precisamente en esta etapa de la vida cuando las hormonas comienzan a hacer de las suyas y se aumenta la libido. Cuando la niña empieza a notar el comienzo de sus pechos; esta experiencia depende de todo lo que le han enseñado hasta ese momento. La experiencia puede ser negativa, y la niña se cubre y se siente apenada, o igual pudiese ser positiva, entonces ella alza sus hombros hacia atrás, orgullosa de las dos picadas de mosquito que se hallan en el medio de su pecho. Luego sigue la experiencia de su primer sostén, y las comparaciones con sus amigas. Sus expectativas dependen mucho de las amigas que la rodean, y se basan en los cambios que todas están pasando.

Se trata de una etapa que define la identidad concluyente de cada niña, la cual moldeará su determinación adulta. La adolescencia consiste, antes que todo, en un cuerpo que crece y se transforma. Es un proceso mental gradual. Un proceso lento y lleno de dificultades, que redunda en muchos episodios de los cuales todas tenemos memorias vergonzosas, que a veces hasta preferimos olvidar.

En la adolescencia se desarrollan un conjunto de cambios corporales que incluyen el crecimiento físico y el carácter sexual. Aparecen por primera vez manifestaciones de la sexualidad, los deseos sexuales y la reproducción. Esta transformación corporal produce emociones y sensaciones nuevas, con una intensidad que se desconocía hasta ese momento, y que constituyen uno de los elementos más difíciles de asimilar emocionalmente. Provoca, así mismo, temores y dudas, desconfianzas y angustias, a los cuales la niña no se había tenido que enfrentar hasta ahora.

En esta etapa de la vida es cuando la joven, muchas veces por su gran extroversión, empieza a entender la diferencia entre las reglas de la sociedad y su persona. Entendiendo cómo es que se trata a la mujer en comparación con el tratamiento de una joven, y cuáles son las reglas para poder tener éxito en el mundo donde ella reside.

¿Cómo te viste en esa etapa de tu vida? ¿Cómo te sentiste económicamente acerca de tu visión del futuro, y cuál era tu lugar como parte de una sociedad? Son las respuestas que le diste a estas preguntas las que hicieron que tomaras las decisiones que forman tu realidad hoy en día.

Comprendiendo la parte espiritual
de la adolescente

Durante esta época cuestionas quién eres sobre la base de las reglas de tu hogar y de la sociedad donde vives. Por algo llaman a esta etapa adolescencia. La palabra *adolescencia* lleva dentro de ella la palabra *dolor*. De esa base parten las dudas, las inquietudes, la falta de autoestima y el crecimiento.

La búsqueda existencial puede llevar a la adolescente a estados depresivos, lo cual es muy común para su edad. Esta búsqueda se puede presentar de dos formas: la primera, como un sentimiento vacío, una falta de sentido de quién eres, y esto lleva a la adolescente a altos grados de ansiedad. La segunda nace de sus repetidas experiencias de derrota a lo largo de un espacio de tiempo. Esto, como ya lo había descrito, como resultado del entorno.

> La depresión se presenta más en las jóvenes que en los jóvenes, pues ellas tienden a reprimir más sus sentimientos. Esto sucede también por la importancia que se da a los índices de belleza, lo cual perturba a la mujer. La mujer está en constante paralelo desde el momento en que entra al mundo. Unos días se siente muy atractiva, y otros, poco atractiva. Por eso es sensible a las críticas, se vuelve más aficionada a arreglarse, se preocupa más por su cuerpo, y muestra más interés, e incluso hasta obsesión, por su apariencia física.

Recuerdo que yo me sentía diferente porque era muy blanca y tenía pecas en la cara. Cuántas cremas no usé para quitarlas, y después cuántos aceites no me puse para oscurecerme la cara. Todo dependiendo de lo que la sociedad que me rodeaba y yo encontrábamos atractivo. Aunque mirando hacia atrás, me acuerdo que mis padres me dieron la impresión de que yo les gustaba así de blanca y pecosa. Como mis padres también eran así, esto me trajo gran seguridad y me ayudó a aceptarme. Claro, mis inquietudes volvían cuando me encontraba rodeada de algunas amigas, o si en alguna fiesta había un muchacho que me sacaba a bailar.

Es en la adolescencia que copiamos los patrones de los comportamientos que observamos. Duplicar y seguir los ejemplos de los adultos que rodean al adolescente puede traer éxito. Cuando estos ejemplos son positivos ayudan a que el joven sobresalga dentro de su grupo de amistades. En esta etapa de solidaridad es donde empiezan a surgir sentimientos de altruismo, empatía y comprensión, lo que ayuda a que vean más allá de lo que tienen al frente de ellos.

Es durante este tiempo, con esos atributos adquiridos en su crecimiento, que los adolescentes suelen tomar causas importantes. Estos jóvenes se convierten en fuerzas de cambio de valores en la sociedad. Igual vemos cómo comienzan movimientos sociales y políticos en sus escuelas y en la comunidad; sin duda, llenándolos de gran satisfacción personal.

La influencia de las amistades en la adolescencia

La presencia de fuertes amistades es una de las características más evidentes de la adolescencia. En esta etapa los padres viven tristes, pues tienen el concepto de que existe un alejamiento de parte de sus hijos. Pero esto no es así. Conocer lo que significa para un adolescente su grupo de amigos, nos ayuda a comprender y apoyar más su desarrollo, y a entender que ellos se van haciendo adultos. El aferrarse a los amigos es algo completamente natural en los adolescentes. Poder asumir esto los ayudará a crecer saludables. Lo opuesto, un adolescente sin amigos, suele ser una catástrofe, en medio de la cual el joven vive muy infeliz, teniendo gran dificultad durante su tiempo de adolescencia.

En esta etapa, las amistades cumplen varias funciones, como contribuir al desarrollo de las habilidades sociales, ayudar al enfrentamiento de las crisis, la exploración de su propia identidad, la aceptación, la independencia, y todos los demás sentimientos tan comunes que tiene esa etapa. Los amigos, para el adolescente, son la parte más valiosa y elemental para su desarrollo.

Los adolescentes buscan su propia identidad, no son niños, pero aún no son adultos. La familia, que era toda su vida, ahora se queda pequeña. Se encuentran con la gran necesidad de salir y formar sus redes de amigos, descubrir el mundo y su lugar en él. Para ello están sus amigos.

Durante estos años es muy importante saber con quién se reúnen los adolescentes. Muchas veces las amistades que escogen pueden reflejar la estabilidad de su autoestima. Los adolescentes, casi siempre, construyen su grupo de amigos basándose en gustos similares. Amigos que les son fieles y con los cuales establecen confianza. Por estas amistades es que se dan cuenta de que lo que les está pasando es natural y le ocurre a todo el mundo. Sus amigos, transitando por lo mismo, son la evidencia.

La aceptación es algo que todos buscamos. En la adolescencia, los amigos proporcionan esto. Recuerdo que en esa etapa mis amistades eran las de la escuela donde asistí toda una vida. Aunque me sentía mejor con unas más que con otras. El recurrir a aquellas amistades que son más afines contigo es un proceso normal. ¿Recuerdas esa época de tu vida? ¿Recuerdas quiénes eran tus verdaderos amigos o amigas, y qué te hizo acercarte a ellos?

Muchas veces los padres se quejan de que sus hijos son una copia de sus amigos, y que estos son iguales a ellos en todo. Eso no es completamente verídico. Aunque a nosotros nos parezca que son todos iguales, ellos están haciendo valer su propio lugar en el grupo para crear su identidad propia. A pesar de lo que creamos o pudiéramos sentir, es necesario que este proceso lo hagan fuera de la familia.

La influencia de los padres en la adolescencia. Identidad y rebeldía

La adolescencia puede ser impulsada también por el factor «riesgo». El grupo al que pertenece un adolescente puede ser un instrumento para promover el uso del alcohol o las drogas. Al utilizar estas substancias, el adolescente se siente más tranquilo y menos estresado. Si estas substancias están toleradas en el hogar, el riesgo se incrementa. Muchas veces se usan las drogas o el alcohol para huir de los problemas que ocurren en el hogar o en la escuela, e inclusive para la negación de los problemas de insatisfacción personal.

Los padres juegan un papel esencial durante este periodo. La comunicación entre padre e hijo tiene que existir. Merita darles todo el tiempo necesario. Los padres deben prepararse y llenar su copa de tolerancia para poder lidiar con los hijos. No es una etapa fácil. Hay que entender que durante estos años los jóvenes pasarán momentos de rebeldía y descubrimiento para poder establecer independencia.

La etapa puede estar marcada a su vez por la delincuencia. Esto está en dependencia de la ayuda que reciba el adolescente. Todos estos aspectos negativos mencionados están relacionados con un sentimiento de omnipotencia o la necesidad de probar su valor. Un valor creado, por el concepto equivocado, sobre su autoestima.

Por supuesto que la herencia, la genética, juega un papel muy importante en el desarrollo de características que los jóvenes poseen. Sabemos que la altura, el color de los ojos y de la piel están determinados genéticamente. Tenemos que añadir los rasgos de inteligencia emocional. Algunos de ellos, influenciados por la herencia genética, son: el carácter amistoso, la ira, la valentía y la perseverancia. Además de estos aspectos de inteligencia emocional, que son heredados, está la depresión. Hay casos de adopción en los cuales los niños no han conocido a sus padres biológicos; sin embargo, demuestran rasgos depresivos por el pase de los genes.

Durante esta etapa se comienza a explorar la sexualidad. Esto es parte del desarrollo normal. La actividad sexual en este tiempo puede llevarse a cabo con miembros del propio sexo o del sexo opuesto. Muchos puede que exploren con miembros de su propio sexo, a veces causándoles ansiedad y preocupación. Es entonces que los padres deben actuar con inteligencia, brindándoles toda la confianza a sus hijos. Esto abre las líneas de comunicación para hablar con ellos sobre lo que sienten. Muchos no necesariamente son homosexuales, sino quizás por curiosidad o una oportunidad que se les presentó tomaron la iniciativa de experimentar un poco.

La conversación con los hijos sobre este tema tiene que ocurrir. La exploración de la actividad sexual, realizada demasiado temprano, tiende a confundir, no necesariamente a definir la orientación sexual.

Debe estar claro que la homosexualidad no es una enfermedad ni una aberración. Pero si hay alguna duda, se debe consultar con un especialista que trate problemas de identificación sexual. No porque sea una enfermedad, sino para que el individuo se defina, y no padezca de inseguridad, depresión o ansiedad. Para identificar bien quién eres hay que pasar por todo esto, sin temor a represalias, odios o aislamientos. Es en estos momentos que la comprensión de parte de los padres y el calor familiar pueden dar la seguridad que necesita el joven para sincerarse y abrirse sentimentalmente.

Esta es la etapa en la cual los padres tienen que escuchar más que hablar y sermonear. Comprendiendo lo difícil que es muchas veces escuchar solamente, hay que hacerlo. Es absolutamente necesario escuchar con frecuencia y morderse la lengua. Las palabras de los padres deben reflejar amor y preocupación, no juicio ni sentencia.

Los arquetipos de la mujer y su evolución

A los dieciséis años y en plena adolescencia, llegué a este país. Como muchas de ustedes, que llegaron jóvenes y les cambiaron las reglas del juego. Te definías por medio de la sociedad donde vivías.

Al llegar, este lugar ya no era tu barrio, no tenía tu escuela, tu círculo familiar, ni siquiera tu idioma. Entonces tenías que redefinir todas esas cosas significantes de tu vida.

Muchos radioescuchas me han llamado para hablarme de sus temores e inquietudes. En una ocasión, una mujer me llamó para contarme que se había casado con un hombre porque se sentía sola y necesitaba sentirse protegida. No es fácil convertirse en mujer. Hay muchos temores que vienen con la soledad. Pero debemos comprender de una vez por todas que un hombre no es la solución a nuestros problemas. Tenemos que valernos por nosotras mismas y saber que preparándonos es como vamos a salir adelante.

Para poder comprender qué significa ser mujer tenemos que conocernos íntimamente. Carl Gustav Jung, el psicólogo suizo, exploró los arquetipos femeninos introduciendo este concepto dentro del campo psíquico. Comprendemos que la existencia de este término, el arquetipo, solo puede ser inferido ya que es por definición inconsciente. Los arquetipos se manifiestan a través de nuestras proyecciones, y de esa forma hacemos conexiones con dimensiones, de las cuales no somos conscientes.

Expresamos los arquetipos igual que expresamos los instintos. Estos se convierten en máscaras que utilizamos para representar un papel. Usamos las máscaras con diferentes personas o circunstancias, por ejemplo: con un enamorado, con la familia, con nuestro padre o con un profesor. Esas máscaras, que representan un arquetipo, nos sirven para lograr lo propuesto. Es importante notar que igual que nos pueden ayudar, nos pueden dejar estancadas, no dejándonos progresar, mirando todos los aspectos de nuestra personalidad.

Todas hemos desempeñado distintos papeles en nuestra juventud, y por supuesto en los distintos roles de nuestras vidas. Estas experiencias dejan una huella diferente en cada una de nosotras como mujer. Pero indudablemente nos han impactado y muchas veces transformado, llevándonos a otra dimensión de nuestro ser, y conduciéndonos a exigir más por conocimiento de nuestra persona.

La diosa y la mujer

Entre los diferentes arquetipos está el de la diosa. Podemos hacer comparaciones de la mujer con el arquetipo de la diosa en la mitología. Este es uno de los arquetipos femeninos que puede explicar las experiencias vividas durante nuestra vida.

Como expliqué, tradicionalmente se considera que la mujer debe atravesar tres etapas diferentes: la mujer joven, la mujer en su plenitud o mujer madura, y la mujer sabia y anciana.

Hay experiencias psicológicas y físicas únicas de cada etapa; por medio de las experiencias que provienen de esas etapas, se forman los arquetipos pertenecientes a la mitología de la diosa. Mediante esta mitología comprendemos el reflejo que cada arquetipo produce en nosotras. Esto nos ayuda a resolver enigmas personales que hemos intentado solucionar hace mucho tiempo.

La diosa madre

Desde el principio de la historia, hemos buscado una respuesta al misterio de la existencia. En muchas culturas y en la mitología, el principio femenino es la fuente de la creación de todas las formas de vida sobre nuestro planeta. En el pasado se percibía a la tierra como madre, todos los que la habitaban eran sus hijos, y estaban sujetos a sus leyes. En la historia, en muchas ocasiones, la mujer siempre sirvió como deidad de la fertilidad.

La madre tierra y su equivalencia como diosa madre es un tema que aparece en diferentes mitologías en toda la antigüedad. Es la personificación de la tierra, generalmente descrita en varias culturas como una diosa fértil, que representa a la tierra fértil; también es descrita en algunas culturas como la madre de otras deidades, y se considera la patrona de la maternidad. Generalmente se creía esto porque la tierra era vista como la madre de toda la vida que crecía en ella.

Los antiguos griegos le dieron el nombre de Gea a la gran diosa que representa a la madre tierra. Hoy en día, todavía vemos a la diosa Gea manifestándose en palabras como *geografía*, la ciencia que trata sobre la descripción de la tierra. Gea representaba a la tierra, y siempre ha sido adorada como la madre universal. Hesíodo cuenta que, en la mitología griega, Gea creó al universo y dio a luz a la primera raza de dioses, los Titanes, y a los primeros seres humanos.

En la historia de la creación de los griegos, el caos precedió a todo. El caos estaba hecho del vacío, de la oscuridad y la confusión. Por este caos surgió la tierra, en la forma de Gea.

De la madre tierra brotó el cielo y las estrellas, con la forma del dios del cielo, Urano. De Gea también surgieron las montañas, los llanos, mares y ríos que constituyen la tierra como la conocemos hoy.

Gea era la más antigua de todos los dioses y diosas de los griegos. Ella era conocida como la diosa suprema, tanto por los seres humanos, como por los dioses. Presidía sobre los matrimonios y los juramentos, y era honrada como una adivinadora. El templo de Delfos, famoso por las profecías del Oráculo de Delfos, fue dedicado a la diosa Gea.

El misterio de la sexualidad femenina y la creación por medio de la mujer son características fundamentales de la diosa madre. Aquí existe la creación y la semilla, el vientre de la mujer, y el ritmo de la luna en conjunto con el ciclo femenino. La diosa primordial era única, incluyendo en su esencia las fuerzas de la vida, la muerte y el renacimiento.

Con el surgimiento de la cultura griega, que era altamente patriarcal, la diosa madre ya no era el centro principal del culto. Los dioses masculinos también fueron incorporados al panteón griego.

Las diosas en esta cultura representaban el hogar y el vínculo de la mujer con el hombre; la vida natural de los animales, las plantas y la humanidad; la afirmación del valor, la fertilidad y el amor.

Las diosas vírgenes

El pensamiento occidental es una herencia y una elaboración de la filosofía religiosa de la cultura griega. Las diferentes diosas nos ayudan a evaluar nuestra esencia. Hay tres diosas vírgenes: Artemisa, diosa de la caza y la luna; Atenea, diosa de la sabiduría y la artesanía; y Hestia, diosa del hogar.

Las diosas vírgenes representan la independencia y autosuficiencia en las mujeres. Ellas no se enamoraban por no querer que los apegos emocionales las sacaran de sus casillas o las desviaran de sus obras importantes. Por supuesto, no hacían el papel de víctima y no sufrían.

Como arquetipos expresan la necesidad de autonomía en las mujeres y la capacidad que tienen para enfocarse y dedicarse a sus metas. Estas tres diosas son arquetipos femeninos que persiguen sus metas de manera activa y precisa.

Artemisa personifica a la mujer independiente que busca sus propias metas en un campo que ella elige. Inmune al enamoramiento y capaz de velar por sí misma, no necesita de la aprobación masculina para sentirse completa. Conocida como la diosa de la caza, podía apuntar con su arco a cualquier blanco y acertar. Este arquetipo proporciona a las mujeres la capacidad de no desviarse de sus propósitos por las necesidades de los demás. Artemisa es competitiva y representa el movimiento feminista.

Ella es bien representada por la hermana, las compañeras, las mujeres aliadas entre sí. Es la mujer que si bien ha tenido sus relaciones, no pertenece a ningún hombre, pues es libre y se siente completa consigo misma.

Artemisa representa a esas mujeres que sienten dentro de ellas una parte libre, alegre y audaz que necesitan expresar. Muchas mujeres aprenden a valorar a Artemisa y descubren las cualidades de esta al poder enfrentarse a sus vidas. La epifanía puede llegar después de un divorcio, o hasta al vivir solas por vez primera en la vida. Es durante este tiempo que sienten realmente un verdadero bienestar.

Artemisa representa a la niña obstinante, firme, a quien no le gustan las barreras ni las imposiciones. Si tiene una madre amorosa y un padre que la respalda, todo le irá bien. Por el contrario, si tiene una madre negativa que la desvaloriza, tomará un rumbo diferente. Ella rechazará lo que considera debilidad femenina, prometiéndose ser independiente. No representa dulzura ni receptividad. No le interesan las relaciones de dominio, ni las de madre a hijo. Son buenas madres porque fomentan la independencia de sus hijos.

Atenea es la diosa de la sabiduría. Este arquetipo es el de una mujer lógica, práctica, que posee el sentido común. Se guía más por la práctica que por el corazón. Puede mantener la cabeza en medio de una situación emocional; capaz de desarrollar estrategias razonables dentro de un conflicto. Atenea es una gran consejera. Tiene una agenda propia y se enfoca en lo que ella considera importante, dejando las necesidades de los demás en un segundo plano.

A diferencia de Artemisa, Atenea sí busca la compañía masculina, evitando enredos emocionales o sexuales. Puede relacionarse con el sexo opuesto como compañera, colega, o inclusive confidente, sin desarrollar sentimientos eróticos, o llegar a una intimidad emocional. Atenea es una mujer capaz de manejar situaciones políticas o de negocios con diplomacia. Ella representa el arquetipo de la hija linda de su padre. Muestra su fuerza de manera natural sintiéndose atraída cognitivamente hacia el hombre poderoso, que tiene autoridad, responsabilidad y poder. Sabe cómo convertirse en la mano derecha de él, y le es leal a su jefe. Tiende a no simpatizar con la fuerza más débil o los perdedores.

Atenea tiene un aspecto elegante, es práctica, no sigue demasiado las modas, y posee una imagen positiva de sí misma. Puede ser una maestra excelente y es buena en las matemáticas y ciencias. No le gustan las víctimas, ni aquellos que se quejan de todo. Este arquetipo cree en el éxito que toda mujer puede obtener, y siempre encuentra una manera para resolver los problemas. Toda mujer debe cultivar este arquetipo con disciplina. Así comienza el pensamiento lógico y desarrolla habilidades concretas y objetivos prácticos.

El arquetipo de la diosa Hestia revela el aspecto de una mujer en la vida cotidiana o en la casa. Estos elementos le proporcionan un sentido de integridad. Hestia permanece dentro del hogar y no le gusta aventurarse. Al igual que las otras dos diosas vírgenes, Hestia tiene la capacidad de enfocarse en lo que realmente le interesa. Tiene una conciencia introspectiva, y cuando medita está completamente absorta.

Ella disfruta de su soledad; es el punto tranquilo de una mujer, la esencia interna y el alma centrada. Es tranquila y tiene un carácter fácil. Su presencia crea una atmósfera de orden, pacífica. Es la imagen de la mujer que brilla como buena esposa. No compite con su marido ni lo critica. No tiene aventuras ni es promiscua. Atrae a los hombres por su forma de ser. Usualmente a esos que se sienten atraídos por mujeres tranquilas y no autosuficientes.

Las diosas vulnerables

Las diosas vulnerables son Hera, diosa del matrimonio y esposa de Zeus; Demeter, diosa de las cosechas; Perséfone, hermana de

Demeter. Ellas representan los papeles tradicionales de la esposa, la madre y la hija. Estas diosas como arquetipos se inclinan hacia las relaciones; su identidad y bienestar dependen de tener una relación significativa. En sus vidas reconocemos las historias de mujeres que han sido raptadas, violentadas y dominadas por los llamados dioses masculinos. Representan las necesidades de las mujeres de afiliación y vínculo; es decir de aquellas mujeres que son vulnerables. Cada una de estas diosas sufrió a su manera al romper o deshonrar una relación, y fueron evolucionando. Esto nos ayuda a comprender que cuando una relación debe terminarse, el sufrimiento permite que evolucionemos.

Hera, la diosa del matrimonio, se manifiesta en la mayoría de las mujeres, las cuales sienten la necesidad de casarse, puesto que creen que están incompletas sin una pareja. Es representativa de la mujer que quiere serle fiel y leal a su pareja, y soporta lo que sea. Por supuesto que pudiera crear una unión mística sintiéndose realizada por el verdadero amor y el lazo fuerte que la une con su pareja. Al igual pudiera aliarse con la rabia y venganza si esta le causa alguna decepción.

Para la mujer del arquetipo de Hera, el estado de felicidad depende de la devoción de su esposo. Lo interesante es que este arquetipo de mujer se siente atraída por el hombre exitoso, el cual tiende a ser muy dedicado a su profesión y al trabajo. Este tipo de hombre puede ser un mentiroso, así como Zeus. En su búsqueda de seguridad, ella será engañada una y otra vez.

La mujer debe reconocer en sí misma la existencia de esa influencia de Hera, de esta forma podrá trascenderla. Igual que muchas de ustedes, que pueden trascender y salir adelante.

La mujer que posee el fuerte arquetipo de Demeter, la diosa de las cosechas, y maternal en esencia, anhela ser madre y con esto se siente realizada. Cuando este arquetipo es el más fuerte en una mujer, ser madre es el rol y la función más importante de la vida.

En mi programa de radio cuántas veces he escuchado decir a un hombre o una mujer: «Es más madre que mujer», lo cual describe a mujeres de este arquetipo. Ellas están motivadas a ser fuente de apoyo y nutrir a los demás. Este tipo de mujer no solo está restringida a ser madre. Ella es una mujer generosa, pródiga en cuidados para otras personas. Suelen ser excelentes psicólogas, consejeras, maestras, enfermeras, cuidadoras. Les encanta dar y compartir en grupo, y disfrutan preparando comidas para los demás.

Pueden ser madres estupendas o terribles. Por proteger a sus hijos es posible que se vuelvan controladoras, y se sientan culpables de cualquier cosa que les pase. Demeter promueve la dependencia de los que la rodean. Es importante que la mujer de este arquetipo transcienda estas características.

La diosa del subterráneo, la doncella, la mujer, hija linda de su madre, es la diosa Perséfone. El arquetipo de Perséfone representa a una joven adolescente que no sabe quién es, todavía no está consciente de sus deseos y la propia fortaleza de su interior. Esta mujer es la eterna adolescente esperando a que alguien le diga quién es o qué es lo que debe estudiar. Espera a que alguien llegue a transformar su vida. Para que la mujer de este arquetipo crezca tiene que pasar de la doncella inocente a la diosa de las profundidades, y convertirse en una mujer apasionada y sexual.

Perséfone representa a la hija que quiere agradar a su madre, ser buena muchacha y prudente con sus decisiones. Como mujer, Perséfone se arregla para su hombre y se adapta a sus deseos. Ella no conoce los suyos, pues ni siquiera se imagina que pueda expresarlos.

Es a través de sus experiencias que Perséfone crece. Aprende a conectar su inconsciente con el mundo psíquico. Es capaz de unir ambos mundos y guiar a otras personas a comprender su mundo oculto, haciéndolo visible. Es la guía y el arquetipo que produce una conexión con el lenguaje simbólico, los rituales, las visiones o la experiencia mística. Este arquetipo de mujer tiene un ser infantil dentro que clama ser protegido y cuidado.

Atrae a hombres inexpertos como ella. Los hombres son los que eligen. Es la diosa menos segura de sí misma, pero por su gran adaptación es la que más vías posibles presenta para su crecimiento. Este arquetipo puede pasar por la adolescencia superándose o no. Hoy en día hay muchas mujeres de este arquetipo que quedaron estancadas en la adolescencia.

Imagínate al arquetipo de Perséfone como una mujer manipulada, a cual se le miente, y al sentirse tan indefensa aprende a conseguir lo que quiere de manera indirecta. Por lo general, trata de evitar el enfado, pues no quiere que la gente se enfurezca con ella.

Arquetipos de las diosas alquímicas o transformadoras

Afrodita es conocida como la diosa del amor y la belleza. Era la más bella e irresistible de todas las diosas. Tuvo muchas aventuras y numerosas descendencias procedentes de sus abundantes relaciones. Es importante saber que ella entablaba estas relaciones por su propia decisión, nunca siendo victimizada. Esto le permitió mantener su autonomía como diosa virgen, teniendo relaciones como diosa vulnerable.

Este arquetipo de Afrodita o Venus motiva a las mujeres a perseguir intensamente las relaciones. Es la figura de la amante en la que una mujer sabe transformarse. Es en este rol que ella se enamora, sintiéndose atractiva y sensual. Dicho arquetipo posee un magnetismo personal y único que atrae a muchos.

Afrodita se enamora con facilidad y frecuencia. Es el arquetipo de la mujer que inspira y aporta gran creatividad. Tiene tanto el aspecto creativo como el romántico. Se compromete en relaciones intensas, dejándose absorber.

Si este arquetipo se casa fomenta la sexualidad y la pasión. Sin embargo, es importante entender lo difícil que es para una mujer Afrodita conseguir un matrimonio monógamo duradero, pues la emoción no siempre perdura. Es a través de la meditación que este arquetipo resiste la inclinación de la atracción erótica.

Para una mujer es muy importante conocer el patrón arquetípico. Esto la ayudará a no sentirse culpable de su naturaleza. No es cuestión de sentirse culpable, sino más bien de conocerse, y buscar el balance y cambio necesarios. Estos tres conjuntos de diosas: las vírgenes, las vulnerables y las alquímicas, son representaciones de lo que una mujer puede hacer de acuerdo con su diversidad y sus conflictos internos.

Las diosas griegas son representaciones de cómo cada una de nosotras se desenvuelve en el mundo moderno. Representan el poder y la diversidad de un comportamiento. Poseen ciertas características, las cuales se ajustarán con el consiguiente cambio y crecimiento espiritual. Tengamos en cuenta que es el tiempo el que las transformará, ajustando toda su debilidad. Al igual que nosotras, todas ellas difieren una de la otra, cada una tiene características positivas y potencialmente negativas.

Debemos entender que hay una diosa presente en cada mujer. Esto profundiza el entendimiento sobre nuestra manera de pensar y actuar. En los siguientes capítulos describo esto específicamente. Hablo sobre las experiencias que me cuentan algunas mujeres, y cómo por medio de sus historias aprendemos a reconocer la diosa que llevamos dentro. Es necesario entender que en los momentos en que nos sentimos más frágiles es cuando surge nuestra fuerza. Todo esto nos ayuda a crecer espiritualmente. Es durante estos sufrimientos y tiempos difíciles que aprendemos a sobrevivir, y emerge nuestra diosa.

Todas las mujeres nos hemos visto en cada una de estas diosas en diferentes momentos de la vida. Hay pedazos y rasgos de ellas que viven en nuestro interior. Nos convertimos en las diosas vírgenes, alquímicas o vulnerables en dependencia de las circunstancias por las que estemos pasando en nuestra vida. El simple hecho de haber llegado al mundo en el género femenino nos ayuda a tener empatía y entender a cada diosa y los elementos que las caracterizan.

Después de descubrir a la diosa

Explicar totalmente lo que significa ser mujer no es tarea fácil. No solo por el hecho de tener la menstruación es que la mujer se diferencia del hombre. Es la creatividad intrínseca de ella, en conjunto con todo lo que trae encima, lo que la hace una especie única e importante; esto, por supuesto, no niega las facultades creativas del hombre. La mujer es la única que puede crear una nueva vida, y este hecho obvio la aparta como algo especial. Para la mujer, la maternidad es espontánea y natural.

Cuando somos niñas nos ponen una muñeca en las manos para cuidarla. Esto incita en nosotras una especie de condiciones, preparándonos para un futuro en el que nuestro instinto maternal es lo que solidifica el mundo que creamos. Crecemos y nos convertimos en lo que muchos esperan de nosotras, pero también en lo que nuestro entrenamiento nos ha dictado. Todas somos mujeres con sueños y aspiraciones. Todas hemos escapado o evadido circunstancias que nos han perjudicado, entendiendo que nos llevarían a peores situaciones. Todas llevamos a la niña, a la adolescente y a la mujer dentro. Sacando a cada una a relucir dependiendo de los momentos que vivimos, o las memorias que recordamos.

Ver nuestra esencia de forma existencial nos ayuda a entender a la sociedad y la cultura que gira alrededor de nosotras. Al descubrir a la diosa que llevamos dentro podemos valorar la importancia de nuestra existencia y el papel que desempeñamos en la vida de los que queremos, y de la nuestra.

Debemos saber que nacemos fuertes, dignas y con toda la esperanza de convertirnos y transformarnos en seres espectaculares, capaces de cualquier logro que nos propongamos. Encontramos nuestros canales de energía en las experiencias por las que pasamos en la vida. De ahí sacamos toda nuestra valentía para enfrentarnos a los obstáculos que se nos presentan en el camino, y con esto ejercer la fortaleza que tenemos como mujeres, y entonces seguimos evolucionando.

CAPÍTULO 4

El poder del útero

Importancia del útero, y la cuna de la intuición visceral

La ciencia y los médicos nos dicen lo que es este órgano y cuál es su función. Sabemos que en el momento de concebir, cuando dos células se multiplican y logran comenzar una vida, el útero sirve de hogar, es el medioambiente para que esa nueva vida se desarrolle y forme ese bebé que se nos da de regalo. Este es un aspecto maravilloso y mágico, pero el útero es mucho más.

Miremos lo que la tradición olmeca nos enseña. Hay ciertos ejercicios de aquella civilización que ayudan a las mujeres a expandir la energía femenina. Por otro lado, mujeres como Silvia Sterbova y Elena Lázaro proponen prácticas femeninas que ayudan a «despertar el útero».

Carlos Castañeda menciona esto en su libro *Pases mágicos*.[1] En el mismo se señala que uno de los intereses más concretos de los chamanes que vivieron en la antigüedad, en México, es lo que ellos denominaban «la liberación de la matriz». Les interesaba porque aparte de su función primaria reproductora, sabían de una función secundaria: una capacidad para procesar conocimientos sensoriales directos e interpretarlos para ayudarse a ellas mismas y a los demás. Esto es lo que se conoce como «intuición visceral».

Los chamanes estaban convencidos de que si la matriz y los ovarios se apartan del ciclo reproductor, esos órganos se convierten en herramientas de percepción y en el epicentro de la evolución.

Se menciona también en el libro que en un contexto matrifocal, a las mujeres les sobraba energía y tiempo para desarrollar esa capacidad de intuición, no solo para sus hijos, sino para la comunidad.

En nuestra sociedad moderna, el útero ha sido rebajado a una víscera con un papel casi vegetativo. Sin embargo, en este libro se plantea que, al igual que el cerebro es una especie de unificador de nuestra percepción a ciertos niveles, la matriz es otro centro de percepción y de toma de decisiones, las viscerales. Podríamos quizás decir entonces que el alma de la mujer, su ánima, en cierto modo reside en la matriz.

En la civilización moderna, cuando tenemos continuos problemas en la zona del bajo vientre, o durante la menstruación, acudimos a un especialista, y casi siempre nos dicen que es mejor sacar el útero e inclusive los ovarios.

La recomendación generalmente es porque quizás detectan fibromas o quistes en el útero o los ovarios. En otras palabras nos recomiendan lo que en lenguaje popular le decimos «vaciarnos».

Esa expresión conlleva tanto significado; más allá de su aspecto clínico, muchas personas piensan que después que a una mujer la vacían... «ya no sirve».

No obstante, generalmente no escuchamos las señales de nuestro cuerpo, y después de que un doctor nos dice que para qué queremos esos órganos reproductivos si ya tenemos cuatro o cinco hijos, le hacemos caso, sin buscar una segunda opinión.

La realidad es que se manifiesta una gran indiferencia hacia la importancia del útero, del cual se piensa que solo sirve para la reproducción, sin fijarnos en su alta incidencia en otros aspectos como la percepción, tal y como los olmecas y otros pueblos de la antigüedad lo mencionaban.

Karmele O'Hanguren se refiere a la danza del vientre y cuenta que ese baile parece ser la reminiscencia de unos ritos de fertilidad y maternidad antiguos, de los cuales no se tiene fecha específica de comienzo.

Una «pista», de este parecer la dan, por ejemplo, las mujeres de Arabia Saudí, que colocadas alrededor de la parturienta en forma de coro, realizan la danza del vientre para ayudarla a inducir su movimiento uterino.

La danza del vientre es uno de los bailes más sensuales del mundo, reservado para las mujeres. Las que practican esta danza obtienen beneficios físicos como la regulación de los ciclos menstruales, la renovación de la energía corporal, y un conocimiento mayor del cuerpo y de sus propios sentimientos. No se requiere un cuerpo escultural ni un vientre plano, por lo que aquellas que lo practican aprenden a amar su cuerpo, y a descubrir su gracia y sensualidad.

Esta es una de las formas de reconocer la importancia de tu cuerpo, por eso muchas mujeres hoy en día están asistiendo a clases de esta danza porque quieren más que nada encontrar su sensualidad.

Se puede afirmar que hay mujeres que sin mediar prácticas olmecas ni visualizaciones hindúes, sin realizar los pases mágicos a los que se refiere Carlos Castañeda ni danzas del vientre, han tomado control de la percepción sensible de su útero.

Tomar conciencia de ello, aunque hayamos pasado por siglos de castración, significa que nos será posible perder la rigidez e insensibilidad producidas por la represión de tener al útero solo para cumplir la función básica de la sexualidad.

La mujer actual es propensa a presentar síntomas de desánimo, sobre todo porque su vitalidad genuina es incompatible con un mundo en el que lleva milenios siendo dominada física y espiritualmente.

Hay otros ejercicios que nos pueden ayudar a recuperar esa vitalidad innata, como la práctica del yoga y terapias como el kundalini, o psicoterapias corporales que se concentran en el movimiento de las caderas para activar el kundalini, conocida como la energía vital o sexual.

La persona que no mueve con frecuencia esa parte de su cuerpo deja de canalizar correctamente esa energía.

Muchas de estas prácticas son como las danzas del vientre que se hacían en las sociedades matriarcales del neolítico.

Es cierto que la práctica de la medicina ha cambiado mucho, y tenemos mujeres también representándonos en esa rama.

La francesa Maryse Choisy dice que muchos médicos solo han conocido lo que es el parto hospitalario, y no han podido experimentar otro tipo de parto. También Choisy menciona que los profesionales de la sexología han «sentado cátedra» sobre la sexualidad basándose en un tipo determinado de mujeres. Las llamadas mujeres «uterinas» no se preocupan por su sexualidad ni acuden a visitar sexólogos, porque, en otras palabras, si funciona un órgano, piensan que para qué buscar un doctor.[2]

Choisy también, después de trabajar con cuestionarios por más de diez años, nos «ofrece una perspectiva sobre el orgasmo femenino que rompe la tradicional dicotomía "orgasmo vaginal-orgasmo clitoridiano"».[3] Su teoría abre las puertas a la cavidad pélvica, en algún punto profundo del interior que se expande por todo el cuerpo. Ella dice que el verdadero orgasmo femenino es cérvico-uterino o tiene su origen, ¿saben dónde?, en el útero.

Fisiológica y emocionalmente estos órganos son importantes; tiene que haber una condición de salud importante para tomar la decisión drástica de eliminarlos de nuestro cuerpo.

Recuerdo recibir muchas llamadas por la radio de mujeres de veinticinco años a las que les dijeron que mejor se quitaran el útero, pues ya tenían un cierto número de hijos. Para mí es una falta de ética profesional de parte del médico que lo recomienda a la ligera, y una ignorancia por parte de la mujer que acepta esa decisión sin buscar otras alternativas u opiniones especializadas.

Me ocurrió a mí a los treinta y cinco años. Un ginecólogo me recomendó sacar el útero, dijo que era mejor para mí. Le creí, lo hice y creo que la osteoporosis que padezco viene, en parte, de esa decisión que tomé.

Si escuchamos las señales de nuestro cuerpo nos daremos cuenta de que quizás la razón por la que vamos al médico con quejas es que no queremos tener más hijos, o que nos falta algo que no sabemos descifrar, porque nuestra área reproductiva integrada por el útero y los ovarios es también la sede de nuestra creatividad.

Sin embargo, no pienses que después de una histerectomía estarás realmente «vacía» como acostumbran a decir, pues la esencia de esa creatividad reproductiva, aunque ya no estén los órganos, seguirá ahí.

Un gran número de mujeres nos han dado los mejores regalos de su creatividad después de la menopausia, y luego de una histerectomía, porque han continuado llenas de vida, de emociones y de sensualidad.

En el libro de Miranda Gray, *Luna roja*, la autora nos habla de las fases de la luna y de su relación con las fases de la mujer.[4]

Desde la antigüedad, como he mencionado, se habla de la mujer virgen, en su fase premenstrual; la mujer madre, en su fase ovulatoria; la mujer hechicera, en su ciclo premenstrual; y la mujer bruja (sabia), en plena menstruación. Una naturaleza cíclica que fija sus patrones en las fases de la luna.

Esa mujer cambiante, de acuerdo con los ciclos por los que pasa, es la misma mujer que se puede recrear y reinventar una y otra vez.

Cuando una mujer se despega de esos ciclos, entonces se siente confundida, impotente, temblorosa, dubitativa, y se expresa diciendo que está apática, fatigada, lisiada emocionalmente, débil, con falta de inspiración. Además, siente que ha entregado su creatividad a otro, quizás al compañero. En estos casos, la mujer piensa que él lo determina todo, y tiene temor de seguir adelante, y cae en una depresión.

Aunque clínicamente se dispone de instrumentos que quizás lo diagnosticarían así, tenemos también que ver qué es realmente lo que está empujando estos síntomas.

Esos temores a reaccionar con agresividad cuando ya no queda nada más que hacer, temor a probar cosas nuevas, y no enfrentar los desafíos; todo esto trae a la mujer reflejos fisiológicos, como acidez estomacal, mareos y náuseas, las cuales son las señales de alguien que cree haber caído en una trampa, sí, igual que un animal cuando se siente atrapado.

En el libro *Mujeres que corren con los lobos*, la autora, Clarissa Pinkola Estés, nos explica que la mujer, cuando sigue caminos en los que abandona su naturaleza intuitiva, cuando quiere ser copia de lo que es un hombre y se olvida de su naturaleza innata, cae en una trampa y se siente cautiva, a ese tipo de mujer ella la describe como mujer salvaje.[5]

Esta psicoterapeuta junguiana[6] es una sabia psiquiatra norteamericana de raíces latinas por el lado materno, y del lado paterno, heredera de la tradición oriental europea. A través del mundo de las narraciones, ella presenta relatos importantes con los cuales podemos encontrar nuestro camino.

La doctora Pinkola Estés nos obliga a observar la naturaleza para respetar sus ciclos, y así comprender y respetar los nuestros.

Con ella podemos reafirmar que la base de la sabiduría femenina estriba en respetar los tiempos de gestación, vida y resurrección. En su libro ella compara a la mujer con el comportamiento de los lobos que, si bien son animales salvajes, constituyen un ejemplo crucial en su teoría para explicar el desarrollo de la personalidad humana.

Nos describe a la mujer como una loba: robusta, colmada, dadora de vida, consciente de su propio territorio, ingeniosa, leal, en constante movimiento.

Continúa describiendo que cuando la mujer se separa de su naturaleza, adelgaza, se debilita y adquiere un carácter fantasmagórico.

Esta especialista dice que la mujer salvaje se puede convertir en maestra, madre, jefa, modelo, y llevar consigo el arte de curación, cuando aprende a unirse a la naturaleza y comprende la necesidad de establecer un territorio, encontrar su propia manada y su propio grupo. Pues sí necesitamos tener un grupo de apoyo y dentro de él sentirnos con orgullo y con certeza. No importa cuáles sean nuestros dones o las limitaciones físicas. Lo importante es poder hablar en nombre propio, ser consciente y estar en guardia, y no olvidar una de las cualidades innatas de la mujer, la intuición y percepción.

La llamada loba es una analogía del alma femenina. Más aún, es una referencia al origen de lo femenino. Es como una incubadora, donde existe el poder de la vida y la muerte. Es la que sabe escuchar, anima a los seres humanos en general y a la mujer en particular.

Para comprender a la llamada mujer salvaje como un arquetipo, debemos interesarnos más por los pensamientos, los sentimientos y los esfuerzos que fortalecen a las mujeres, y tomar en cuenta los factores culturales y sociales que las debilitan.

Como mujeres tenemos que abrazar uno y otro ciclo de nuestra vida con pasión, con energía, y con la determinación de que esos ciclos te llevan a conocer tu propia naturaleza de mujer salvaje.

Entonces, imagínate a esa misma mujer que ha pasado por todos los ciclos, una y otra vez, pero termina como la mujer sabia, que ya se ha encontrado a sí misma, y ha aprendido el balance al abrazar y aceptar su destino y su misión.

Ya ha pasado por esos cambios, desde la virgen hasta la bruja (o sabia), y ahora decide que su esencia femenina la va a reflejar en el contexto donde se desenvuelve como lo que realmente es.

El sexo y la mujer

¡Ah, la mujer y su diosa! Esta diosa, la interior que todas tenemos, la insta a amarse, a cuidarse para poder sentirse con toda la pasión, no necesariamente porque una pareja le inspire esa pasión, sino porque lo siente intuitivamente.

Cuando la mujer logra sentirse apasionada, es el momento en que está lista para encontrar a la pareja apropiada.

Esa fuerza interior la ayuda a encontrar a la persona con la que puede compartir su pasión. Ese amante no será alguien detrás de quien la mujer se esconda, sino a quien atraerá para compartir su pasión, sus pensamientos, todo lo que tiene dentro de sí. Sobre todo su alegría.

He escuchado en el programa, no tan frecuentemente como me gustaría: «Lo encontré cuando menos me lo esperaba», y es que cuando sucede así, estabas preparada para recibirlo, estabas «preñada» de esa necesidad de compañía. Pero con más frecuencia escucho: «Lo busco, y busco, y no lo encuentro».

El estar preparado para encontrar pareja significa que hemos alcanzado una calma interna, una seguridad que nos permite concentrarnos en quienes somos, y más que nada en nuestros valores.

Una vez que esa diosa se revela frente a nosotras, y encontramos a la pareja que nos complementa, podemos decir que estamos en nuestro plano más alto, pero también tenemos que saber que por mucho que amemos a este ser, no podemos olvidar lo difícil que fue llegar a este punto de fortaleza.

De lo contrario, ese amor apasionado nos puede debilitar y confundirnos con el regalo de sentirnos totalmente amadas. No se trata de que no lo disfrutes, sino de no olvidar quién eres.

Cuando hayas encontrado a tu pareja, no te olvides de darle, además de tu pasión, los atributos innatos de la mujer: ser comprensiva, cariñosa, amiga, hacer sentir a ese ser que es bien recibido, pero igual que queremos sentirnos amadas, que nos comprendan y nos escuchen, y respeten nuestros sueños y metas.

Cuando nos enamoramos tomamos una fuerza increíble, podemos mover montañas, crear negocios, comenzar una idea que teníamos guardada. Es la gasolina que necesitaba nuestra creatividad, y eso nos empuja a la grandeza.

Puede que pase algo y esta relación termine por razones diferentes; si eso ocurre, déjalo ir y quédate con el recuerdo de lo bueno que dejó en ti, esa pasión, ese sentirse totalmente amada, pero siempre aprende a reconocer cuándo tenemos que alzar el vuelo.

Este viaje es bastante frecuente y normal en todas las mujeres que hemos amado intensamente. Es una experiencia que nos permite conocernos más, y regocijarnos con nosotras mismas.

Es que la mujer nació para amar, y el reflejo de cuando es amada es el comienzo de otra etapa de su vida.

Hay hombres que saben amar a una mujer, saben cómo el cuerpo de ella responde a sus caricias cuando le toca cada pulgada de su cuerpo con sus manos, con su lengua, con besos, con abrazos. Es como una guitarra, hay que saber tocar sus cuerdas y también afinarlas.

Cuando un hombre es capaz de llevarnos al orgasmo, en el momento cumbre del placer gritamos: «¡Dios mío!». Cuando se alcanza el orgasmo, el útero se contrae, nuestra vagina vibra, y esta es la representación más ilustrativa de cómo esa área de nuestra anatomía nos puede dar tanto placer.

En ese momento nos sentimos cerca de lo que creemos que es Dios, es una sensación de éxtasis propiciada por la unión más íntima entre dos seres humanos que logran involucrarse totalmente al entregarse el uno al otro.

En ese momento hay una sublimación, un despegarse de pensamientos y sentir un placer tan indescriptible, que a través de esa entrega podemos concebir, y preparamos para traer una nueva vida al mundo.

Ese hombre sabe que a la mujer le gusta que sea fuerte en la cama, que sea tierno, pero también sensible, contándole lo que siente, lo que le preocupa en su trabajo, hablándole de su pasado, su dolor, pero también de sus éxitos. El hombre que conquista a la mujer con su hablar y su ternura, la conquista y punto.

Ese hombre que la valora, que no la menosprecia, que la mira crecer ante sus propios ojos, la amará para siempre, o por lo menos por el tiempo justo. No hay algo más hermoso que cuando en la mirada del hombre encontramos un profundo amor, respeto, admiración y deseo.

Sabemos amar de tantas maneras... como amantes; como madres, adorando a nuestros hijos, nuestros nietos, nuestras amigas. Porque no podemos solamente alimentarnos de una sola clase de amor, al igual que no nos podemos alimentar de un solo grupo alimenticio, el amor tiene que ser variado, así es como ese nutriente tan importante beneficia nuestro interior.

Mucho se ha escrito sobre el amor, desde el amor más inocente hasta el más pasional. Nadie puede discutir que el amor trae un sinfín de sentimientos en la escala de las emociones. El amor tiene tantas formas, que pasan por distintas etapas, desde el amor inocente, primerizo, en el cual todas nuestras hormonas están sintonizadas para entregarse, hasta el amor más maduro, que aunque se siente intensamente, se controla más y también se analiza.

La historia de los enamoramientos

En los tiempos medievales, en Europa, los síntomas del enamoramiento eran considerados una enfermedad física o mental, que solo experimentaban aquellos que eran más sensitivos. Eso se consideraba en esa época. ¡Imagínense, se consideraba que solo los de la nobleza eran más propensos a tener el privilegio de ser más sensitivos!

Algunas de las características del enamoramiento eran la falta de sueño, las pesadillas, la falta de concentración y la inapetencia. Las dificultades para respirar y las palpitaciones eran frecuentes. Eso les ocurría a aquellos que se habían enamorado perdidamente, sin ser correspondidos.

Los amantes pensaban que todo eso que sentían se consideraba una enfermedad, lo cual se curaba con la presencia del ser amado.

En la centuria XI, el Viaticum, escrito por Constantino, contaba que Eros era la enfermedad del cerebro del hombre, y recomendaba que recurrieran a las prostitutas para bajar dicha inflamación. Es obvio que él pensaba que las mujeres no podían sentir esas sensaciones.

Los sacerdotes de esa época recomendaban algo menos drástico ante estos síntomas, como viajar, practicar deportes, tener mejor alimentación, beber mucho vino, y bañarse y dormir frecuentemente.

En la centuria XVII, a quien padeciera ese sentir del enamoramiento frustrado se le consideraba víctima de magnetismo, microbios e influencias astronómicas.

Las investigaciones modernas sobre lo conocido como éxtasis revelan que sí hay correlación entre los altos niveles de neurotransmisores y los cambios de temperamento de los románticos empedernidos:

Para demostrar que las fluctuaciones de emociones no son solo reacciones de estrés, sino también diferentes interpretaciones del mismo, se administraron inyecciones de adrenalina que produjeron síntomas parecidos a latidos fuertes del corazón, temblores en las rodillas, y manos, y sudoración.

Cuando estamos delante de alguien que nos hace sentir emociones parecidas, pensamos que es amor o infatuación, pues no podemos hablar, y exhibimos rubor o nerviosismo.

Ahora, cuando ya uno es más sofisticado o más maduro, puedes demostrar tus emociones con más control, elegancia e ingenio.

Este camino en la historia de las distintas civilizaciones nos debe hacer pensar en nuestra propia responsabilidad como mujer o como hombre, en el proceso evolutivo de la humanidad.

Es un cambio cuántico en nuestra perspectiva que inclusive puede ayudarnos a alinear nuestra vida entera.

El sentir de la soledad

Muchas mujeres llaman al programa para decirme que se sienten solas, que no tienen a nadie aquí, ya que muchas vienen de otros países. Entonces les pregunto por qué se sienten así, y si tienen pareja, hijos o amigas. Me dicen que sí, pero que toda su familia no está aquí. Ese tipo de personas solo quieren el amor de su familia biológica, y no ven que alrededor de ellas hay un hombre e hijos que quieren su amor. Lo interesante es que al hacerles más preguntas sobre lo que sienten, me dicen: «Es que mis padres no me demostraban afecto», o sea, que todavía habla la niña que tienen dentro de ellas mismas, añorando el cariño de sus padres.

Las heridas que se nos han quedado de tiempos pasados, si nos dirigimos a Dios o a una vida espiritual, podremos verlas y sanarán con el tiempo; si siguen doliendo es que no les hemos dado la poción necesaria para curarlas. Muchas veces poción significa llegar a un nivel de comprensión y perdón que nos haga ver que aquellos que nos hirieron, quizás lo hicieron inconscientemente, es más, también tenemos que inclusive perdonarnos a nosotras mismas.

Comprender, por ejemplo, que esa madre que no tenía tiempo para ti, tal vez era porque trabajaba mucho, o no reconocía tu necesidad afectiva, pues ella también se sentía vacía, o era abusada. Tantas razones se pueden enlazar como eslabones de una cadena. Pero ahora, si tú has logrado hacer ese viaje hacia tu interior, y pedirle a Dios su guía y sabiduría, podrás llegar a comprender, perdonar y estar lista para dar ese amor puro, y de esa forma poder compartirlo con quienes te rodean.

Sé que el proceso no es fácil, pero sí es posible.

En mis muchas conversaciones con mujeres, desde las más jóvenes, hasta las más «maduritas», he visto que todas han pasado por algunos dolores de amores. Pero cuando salen de una relación amorosa que duele, y son mujeres que han desarrollado su intuición, se dan tiempo primero para sanar y, mientras, se enfocan en sus habilidades. De estos periodos de recuperación han salido grandes pintoras, escritoras, blogueras, mujeres de negocios y líderes de la comunidad.

Mujeres que han hecho historia en Estados Unidos

Hay mujeres que han sobresalido y se han ganado el título de líderes de su comunidad porque han luchado por los derechos de los demás. Mujeres que, aunque han salido de pobres comienzos, se han sanado después y han encontrado su camino.

Las hay astronautas, científicas, arquitectas, periodistas, escritoras, políticas, esposas y madres.[7]

Mujeres como Linda Sánchez, hija de inmigrantes mexicanos. Ella nace y crece en el estado de California, conjuntamente con sus seis hermanos. Asiste a escuelas públicas, y se gradúa de la Universidad de California.

Comenzó como maestra bilingüe, y después continuó sus estudios en Leyes, en UCLA, y se graduó en el 1995. Se dedicó al área del Derecho Civil en leyes de apelación y leyes de empleo.

Al mismo tiempo se comprometió con el activismo político, trabajando en la campaña electoral de Loretta Sánchez, su hermana.

Linda también impartió conferencias sobre cómo dirigir campañas políticas exitosas a nivel local para la Asociación Nacional de Funcionarios Electos y Designados (NALEO). Después fue elegida como congresista en California por su distrito. Posteriormente hace historia uniéndose a su hermana Loretta, y resultan las primeras hermanas que sirvieron en el Congreso de Estados Unidos.

Trabaja en el Congreso de Estados Unidos. Ambas son incansables luchadoras en defensa de los derechos de los estudiantes.

Escritora, junto con su hermana, del libro *Soñar a color*, donde busca motivar a las mujeres jóvenes para ocupar puestos a nivel nacional que ayuden a la comunidad. Son historias familiares de logros, y también de dolores, sobre todo la de una de ellas, que luchó contra la bulimia y la anorexia por once años.

Otra mujer que superó obstáculos, fue capaz de triunfar, y a la cual tuve el placer de conocer, es Lucille Roybal Allard, también de California, hija del fallecido congresista Edward Roybal. Lucille trabajó en relaciones públicas y en recaudación de fondos ejecutivos antes de desenvolverse en cargos públicos. Después, fue la primera mujer mexicano-americana elegida por el Congreso. Ella tuvo que trabajar arduamente para reducir las tasas de deserción escolar entre los hispanos. Muchos han sido los intereses sociales por los que se ha esforzado, como el acceso a la salud, la creación de viviendas asequibles, el aumento del salario mínimo, y otros de naturaleza similar. Fue la primera mujer presidenta del Congreso al Hispanic Caucus, y se desempeñó como presidenta de la Delegación Congresual Demócrata de California.

Esta responsabilidad la conquistó no por antigüedad, sino por elección, y con ello se convirtió en la primera mujer, la primera latina y el primer miembro de ese grupo en alcanzarla.

Como ellas hay muchas, baste mencionar a Grace Napolitano, quien ha mantenido una posición importante también para el estado de California.

Otro ejemplo de mujer que alcanzó éxito a base de esfuerzo es la puertorriqueña Nydia Velásquez, quien acompañaba a su padre en los trabajos del campo de caña de azúcar. Él era activista político e influenció grandemente en la vida de Nydia. Ella, desde muy joven, lo acompañaba a mítines políticos en favor de los trabajadores del campo y para denunciar los abusos que se cometían contra ellos.

Actualmente, fue electa a la Cámara de Representantes de Estados Unidos, y fue la primera mujer puertorriqueña en alcanzar esa posición.

La primera mujer hispana que rompió las barreras al ser elegida al Congreso de Estados Unidos fue Ileana Ros-Lehtinen. Entró a la Cámara de Representantes en el año 1989 y hasta el presente ha mantenido esa posición. Otras siete mujeres latinas la siguieron. Ileana es cubano-americana, y durante todos estos años se ha desempeñado desde posiciones políticas para lograr ayudar a todos.

Hay miles de mujeres que han contribuido para poder cambiar las leyes en este país, y otorgarles a las mujeres los mismos derechos que a los hombres. Sin dudas se ha logrado mucho, pero todavía queda por hacer.

La mujer en la política del siglo XXI

Por primera vez desde 1987, en Estados Unidos, durante la elección de 2010 no se reflejó un aumento de las mujeres elegidas al Congreso de la nación.

Desde 1980, los estudiosos de la política que se enfocan en el balance entre mujeres y hombres en esta disciplina han realizado muchísimas investigaciones para comprender el papel que cumple el género, entiéndase sexo, en el sistema electoral. Sobre la base de la teoría de que el gobierno está dominado por el género masculino, mayormente resultan elegidos candidatos masculinos. Esta realidad impide que la mujer sea representada equitativamente en esa esfera, y con ello sus necesidades o derechos.

Sin embargo, la mayoría de las investigaciones demuestran que las mujeres tienen el mismo poder de recaudación de fondos para las campañas que los hombres, así como la misma capacidad de lograr votos. Entonces, ¿por qué tenemos el panorama de que la mayoría en los puestos de gobierno es ocupado por hombres? Nos preguntamos.

La designación en la mayoría de las posiciones revela que sí hay una gran diferencia entre ambos sexos. En el 2012, ochenta y tres por ciento de los senadores en Estados Unidos son hombres; el ochenta y tres por ciento de los diputados (Cámara de los Diputados) son hombres; también lo son el ochenta y ocho por ciento de los gobernadores de la unión; el noventa y dos por ciento de las alcaldías de las grandes ciudades está ocupado por un hombre y el setenta y seis por ciento de los legisladores estatales también lo son.[8]

Muchos han señalado que la desventaja de las mujeres en esta esfera se debe a que no muchas estudian carreras que las posicionan en altos niveles socioeconómicos, lo cual se ha convertido en uno de los aspectos más importantes para postularse con éxito en una campaña electoral.

Pero es importante señalar en tal sentido que, según refleja un reporte investigativo, la mujer que llega a tener altas posiciones socioeconómicas muestra menos interés que los hombres con las mismas calificaciones en perseguir posiciones políticas a nivel nacional, aunque sí a nivel local.[9]

¿Por qué sucede esto? Son muchas las razones que se citan en los estudios. Se explica que está basado en la propia creencia que la mujer tiene sobre este aspecto. Una es que la población tiende a criticar más severamente a la mujer que al hombre. Por ejemplo, si una mujer se postula y es soltera tiene menos oportunidades de ser elegida por las propias mujeres, pues piensan que no comparte sus valores familiares.

No obstante, creo que aquellas que lucharon por hacerlo, al escuchar la voz de adentro y no dejarse convencer de que no lo hicieran, lucharon como «una loba» para lograrlo.

Sobre todo, le debemos esa postura de perseverancia a la representación de mujeres latinas y de la raza negra, que contra viento y marea han luchado por los derechos civiles de los grupos que representan.

¿Cuánto poder político tienen las mujeres en el mundo?

En el ranking mundial, Estados Unidos ocupa el lugar noventa en cuanto a presencia femenina en puestos de gobierno, de acuerdo con las estadísticas de la organización internacional Unión Interparlamentaria, donde se muestra además el promedio mundial de bancas ocupadas por mujeres en los poderes ejecutivos y legislativos en cada país del mundo.[10]

Las estadísticas indican que en 2013 el promedio mundial de bancas ocupadas por mujeres en los parlamentos del mundo es de 21,8% y el conglomerado americano en su conjunto llega al 25,2%.

En estas estadísticas del continente americano se debe destacar al aporte de países como Nicaragua (40,2%), Costa Rica (38,6) y Argentina (38,9).

Lo interesante en este indicador es que se destaca Cuba, ubicada al tope de la lista de países latinoamericanos más cercano a la paridad de género, con mujeres en cargos de gobierno con un 48,9% de posiciones ocupadas por féminas.

La Unión Interparlamentaria es la organización mundial de parlamentos nacionales. Su misión es la de salvaguardar la paz y promover un cambio democrático positivo a través del diálogo político y la acción concreta.

Esta organización reporta en su perspectiva anual sobre las mujeres en el parlamento en 2013, que en ese año, se superaron todos los récords numerales de participación de las mujeres.

Se alcanzó el 21,8% en el número de escaños parlamentarios ocupados por mujeres, que refleja un aumento de 1,5 puntos percentuales, el doble del aumento promedio de los últimos años.

Las mujeres en las Américas siguen siendo las líderes en ampliar su presencia en el parlamento con un promedio de participación que llegó al 25,2% (+1,1 puntos) en ese año de 2013.

Los países latinoamericanos se han colocado al frente en este respecto posiblemente, mediante la promulación de leyes que protegen de la violencia a las mujeres que participan en la vida política, lo cual sabemos que esa violencia ocurre con frecuencia en otras partes del mundo.[11]

Me pregunto el porqué de esto. Sé que son posiciones que no representan mucho dinero, sobre todo en Cuba, pero igual; quizás ese fenómeno sea algo para estudiar.

¿Por qué en un país como Estados Unidos solo el cincuenta por ciento de las mujeres tiene interés en aspirar a una posición de poder del gobierno?

Creo que la sabiduría del instinto de supervivencia tiene algo que ver con esto. ¿Será que el instinto de supervivencia emocional de la mujer desempeña un papel importante en este sentido? Interesante, ¿verdad?

Miremos cómo las mujeres en América Latina han llegado a quedarse en el mundo de la política.

Michelle Bachelet, en Chile; Dilma Rousseff, en Brasil; Cristina Fernández, en Argentina, y otras que en tiempos lejanos ocupaban posiciones de importancia por circunstancias extraordinarias, como Evita Perón, en Argentina; Lidia Gueller, en Bolivia; o Rosalía Arteaga, en Ecuador, que más bien fueron flores de un día y apenas pudieron hacer por las mujeres.

Pero en la actualidad las mujeres en América Latina pueden lograr posiciones gubernamentales, pues se trata de un tiempo en el que las condiciones de la relación poder y mujer han cambiado extraordinariamente.

Mujeres valientes en esta era

La revista *FP*, en su publicación «Mujeres y Globalización» eligió a representantes del género femenino que han defendido con mayor ahínco diferentes derechos, desde la libertad de prensa hasta los esenciales derechos humanos, como la vida. Estas disidentes se negaron a bajar la cabeza y callar sus sentimientos a pesar de posibles represalias del gobierno. En cambio, decidieron defender los derechos de otros y de ellas mismas.

Menciono, en primer lugar, a Yoani Sánchez, de Cuba, que por medio de su blog Generación Y, se ha hecho famosa a nivel mundial. Yoani, a pesar de la censura que existe en Cuba, escribe sobre su vida cotidiana bajo la opresión política. Con la ayuda del correo electrónico y de sus amigos que están alrededor del mundo, sus textos llegan a la red. Yoani ha sufrido acoso e intimidaciones. Ella narró que fue víctima de secuestro y de una paliza por agentes del gobierno. Yoani acaba de dar una gira mundial, en la cual habló de su filosofía, que más que nada es de comprensión, y poder vivir en paz y en libertad. Ha recibido premios a nivel mundial y es reconocida con respeto en todo el mundo.

Otra mujer valiente es Shirin Ebadi, de Irán. Ella recibió el Premio Nobel de la Paz en 2003. Es fundadora del Centro de los Derechos Humanos, y a sus veintisiete años fue la primera mujer jueza en Irán, hasta que perdió el cargo en 1979, tras la revolución islámica de Jomeini. Aun así, siguió trabajando por un país más justo, dando clases en la Universidad de Teherán y, además, defendiendo a clientes procesados injustamente por el estado.

Sima Samar, una valiente mujer de Afganistán, después de sufrir directamente la discriminación por ser mujer, y siendo médico de profesión, abandonó su país tras la invasión rusa y la detención de su marido. En Pakistán fundó la Organización Shuhada, una asociación dedicada a promover el bienestar y progreso de las personas de Afganistán, especialmente de las mujeres. Por medio de ella se establecieron cincuenta escuelas en Afganistán, a través de las cuales se educan unas veinte mil mujeres y niñas y, además, tiene un colegio de niñas refugiadas en Quetta, donde se atiende a más de mil personas. Estas son escuelas clandestinas ya que el Talibán no las aprueba, por tal motivo ha sido amenazada de muerte. Sima preside la Comisión Independiente de Derechos Humanos de Afganistán.

Iryna Vidanaya, original de Bielorrusia, es licenciada por la Universidad John Hopkins, y ha luchado con fuerza contra el gobierno de Minsk, conocido por su estrategia de acoso e intimidación a los medios locales, y por su escaso respeto a la libertad de prensa. Iryna es fundadora de «34 Multimedia Magazine», la cual cerró en 2005 tras recibir acoso policial. Fue corresponsal para Radio Free Europe y activista presente en las manifestaciones delante de la embajada bielorrusa en Estados Unidos. En 2007 ganó el Premio Gerd Bucerius a la libertad de prensa en el este de Europa.

Por otra parte, está la figura de Zainah Anwar, de Malasia. La Organización No Gubernamental (ONG) malaya «Hermanas en el Islam» es una de las asociaciones de mujeres más conocidas y respetadas en el mundo musulmán. Zainah, tan joven como es, ha llevado la libertad de expresión a la esfera religiosa. Su posición es defender los derechos de la mujer en la sociedad islámica y en el mundo entero.

Creo firmemente que se nos aproxima un cambio en el universo. En las sociedades más adelantadas, ese cambio se observa despacio pero seguro.

Evolución en nuestra sociedad

En Estados Unidos, nuestra sociedad empezó a reflejar ciertos cambios, los cuales demuestran que a la mujer se le han comenzado a conceder derechos que se le habían quitado antes.

En el año 1848, en la Convención de Seneca Falls, cuando Elizabeth Cady Stanton y muchas otras mujeres visionarias se reunieron, comenzaron el llamado Suffragette Movement (Movimiento sufragista) en América, y esto cambió el curso del destino colectivo. Aunque pasaron muchos años antes de que nos dieran el derecho a votar.

Desde entonces han pasado ciento sesenta y cuatro años, y las mujeres están comenzando otra vez a reunirse, a tomar una posición más militante en la política de Estados Unidos.

Una interrogante que analizo es si estas sociedades patriarcales estarán gradualmente moviéndose a una posición matriarcal.

Nuestra sociedad ha pasado por muchos cambios políticos y sociales entre los hombres y las mujeres. La batalla sobre la autoridad entre el hombre y la mujer ha comenzado a retar la posición de dominación masculina en la especie humana.

Lo que más observamos es que la mujer, para adquirir relevancia, ha estado tomando responsabilidades mayormente masculinas, y por supuesto ante esta actitud el hombre se siente desplazado y quizás hasta castrado.

La pregunta que corresponde hacernos como mujeres es si realmente es eso lo que buscamos, en lugar de un diálogo en el cual quede atrás el orgullo y miremos qué es lo que podemos hacer el hombre y la mujer para tener un mundo mejor.

Muchos hemos tomado un camino espiritual y pensamos que con esa espiritualidad adquirida debemos dejar a un lado la política para hacer este diálogo entre los sexos.

Lo que sucede es que si queremos cambios reales en nuestra sociedad, tenemos que formar parte de una conciencia social y política con el fin de conseguir efectos que serán beneficiosos para los hombres y las mujeres. Hay un llamado espiritual que nos incita a impulsar esos cambios.

La mujer y el amor a través de los tiempos siempre han ido mano a mano, y ese mismo sentimiento amoroso es lo que nos llevará a un mundo mejor.

Muchos dicen que es de ilusos imaginarse un mundo donde nos amemos como hermanos. Creo que si no nos esforzamos al menos para aproximarnos a ese ideal, pronto veremos un mundo donde la violencia y la intolerancia sean las que predominen.

Martin Luther King, Jr. y Mahatma Gandhi, líderes mundiales que abrazaron la ética del amor, veían este sentimiento como una fuerza capaz de efectuar cambios sociales, personales y políticos.

Si continuamos pensando que lo más importante es lo económico y lo práctico, estamos dejando a un lado el pensamiento humanitario, en el que prevalece la voluntad del bien de todos. Ese pensamiento humanitario se ha convertido en una prioridad y una fuerza moral global.

Recuerdo haber leído un libro escrito por Dee Dee Myers, secretaria de prensa de la Casa Blanca, la cual proponía la posibilidad de que el mundo fuese dirigido por mujeres. Ella decía que si la mujer fuese la que tomara muchas de las decisiones o participara en los debates de interés público, habría más diálogo, más comprensión, menos posturas petulantes y posiblemente más progreso en negociaciones.

Pero se preguntaba: ¿sería diferente en verdad?

Es cierto que en los últimos siglos en los cuales el dominio ha estado en manos del hombre, las guerras han predominado; también los abusos de niños y la prostitución de la mujer se han incrementado, y no hemos encontrado mejores formas de mirar las necesidades morales de nuestro planeta y darles solución a estas transgresiones.

Organizaciones mundiales y de muchos países se han reunido para discutir estos puntos, pero no han llegado a una solución concreta. ¿Por qué?

Lo triste de todo es que en esas organizaciones hay algunas mujeres, pocas pero las hay, que por lo visto han comenzado a copiar a los hombres de su grupo para hacer lo que la mayoría de las veces la mujer hace: respaldar al hombre, callar su grito, en lugar de manifestarse contra lo injusto, que es lo que nosotras debemos hacer: proteger al inocente y poner salvoconductos para terminar con el abuso hacia los que han tildado de débiles.

¿Cuál es la tarea que la humanidad debe seguir?

Una abuela de la tribu Seneca, una de las seis tribus de la Confederación Iroquois, comentó esta profecía: «Al llegar los europeos a América, las mujeres estaban allí mirando la reacción de sus hombres frente al dinero, las pistolas, y aquella mentalidad, y ellas les avisaron que tuvieran cuidado, que se fijaran hacia dónde estaban yendo».[12] Al parecer, estas mujeres sabían lo que esto traería.

La abuela añadió: «La tarea de hoy en día es sanar a la mujer para que ella pueda sanar al hombre, y luego los dos pueden sanar el planeta».

Ya hemos hablado sobre el patriarcado, que es una forma masculina de jerarquía debido a la cual la persona que ocupa el vértice superior de la estructura piramidal hace todo lo posible para asegurar que los de abajo no suban y amenacen su primacía. Esto crea un ambiente de control, miedo, limitación. Miremos los siglos en los que la mujer ha sido limitada por distintas organizaciones sociales, inclusive religiosas.

Miren el mundo actual, en el momento en que escribo estas líneas todavía nos estamos llevando por el temor y el miedo.

En un modelo más femenino, el mundo sería un lugar en el cual cada persona llevaría su creatividad y sus talentos para que fuesen apreciados por todos los que estén ahí, y ese círculo trabajaría para algo más grande, para la creación de un nuevo mundo.

A una gran representante de lo femenino, y no feminista, Pamela Field, le preguntaron en una entrevista que ¿cuán posible sería que un hombre y una mujer pudieran compartir su esencia y entender que son complementarios?

Ella contestó que en el fondo las dos esencias pueden complementarse, y agregó:

Observemos, por ejemplo, la estrella de David, de seis puntas. Ahí tenemos un triángulo mirando con la boca abierta hacia arriba, que representa la energía femenina, es una conexión directa con el cosmos, con la creación. El triángulo enfocado en el mundo terrenal, hacia abajo, representa la energía masculina. En general, a la energía femenina, sin el orden que da lo masculino le cuesta llegar a la meta, mientras que la energía masculina, sin el fluir y la intuición de lo femenino, resulta muy rígida.[13]

Esta mujer propone que la esencia de ambos sexos no es la misma, ni se convertirá en algo igual para los dos, sino que habrá una integración de los dos aspectos en el ser humano.

El camino para llegar a la meta de la cual Pamela Field habla es difícil, no solo para la mujer, sino también para el hombre.

El libro del autor Sam Keen titulado *Fire in the Belly* [Fuego en el vientre] me hizo pensar en nuestro útero, y reflexionar que para lograr esos cambios necesarios en la sociedad global, la mujer debe sentir no fuego en el útero, sino un volcán listo para hacer explotar su lava.

Al leer los capítulos de este libro que he escrito para ti, te estás preparando para reconocer la evolución de la mujer a través del tiempo, para que identifiques el centro de tu poder, y empieces a abrazar todo lo que forma parte de tu verdadera identidad.

Hasta este punto ya conoces un poco de tu historia, ahora te toca decidir cómo debe ser tu evolución personal.

SEGUNDA PARTE

Descubre tu belleza verdadera

CAPÍTULO 5

Enciende tu luz interior

A muchas nos ha pasado que al llegar a un determinado momento, te preguntas, y necesitas saber, si eso que has hecho hasta ahora es todo para ti en la vida.

Sin dejar de apreciar lo que has hecho, lo que has logrado, hay un vacío que no entiendes. Ese momento me llegó a mí también, veía que aunque cambiaba muchas cosas externas de mi vida, no sentía que me había encontrado; ni mis estudios, ni mis títulos, ni mi profesión lograron que me encontrara totalmente realizada.

Como esposa me sentía algo vacía y poco comprendida, como madre estaba más preocupada, pues mis hijos ya estaban creciendo y el nido se me vaciaba; además, me enfrentaba con la realidad de que al irse ellos no sabía cómo iba a llenar mi vida, no me sentía capaz de ser feliz solo como esposa del padre de mis hijos. Me sentía como si mi vida fuera una escalera y me encontraba paralizada en unos peldaños, bajos, por cierto, entonces me preguntaba adónde debía ir y cuándo.

Eso me llevó a una interrogante: ¿cómo sabemos lo que queremos? Como mujeres sabemos que tenemos que ser buenas hijas, esposas, madres, amigas. Es algo instintivo. Pero en algún momento nos preguntamos qué es lo que nos llenaría más espiritualmente.

Sí, yo sabía que como mujer me llenaba la sonrisa de mis hijos, pero no sentía que yo fuera real, sino que estaba siguiendo un libreto que me habían dado como mujer, pero ya ese papel no me quedaba.

Hubo un momento en mi vida en el que, aunque cambiaba muchas cosas externas de la misma, no sentía que me hubiera encontrado. Sentía un vacío. Eso me comenzó como a los cuarenta y... a muchas nos ocurre, sobre todo cuando la relación con nuestra pareja no es lo que esperábamos, y las risas y rutinas de los hijos ya se van terminando.

Era una inquietud. Mi mente estaba llena de preguntas, y como era mi costumbre traté de encontrar las respuestas en los libros, en las reuniones de grupos. Esas preguntas me traían más preguntas. Lo que sí pude notar fue que las preguntas estaban dirigidas a mi interior.

Yo creo que este libro más que nada es sobre cómo la vida interior de la mujer nos lleva a conocernos a nosotras mismas, a representarnos tal como realmente somos.

Muchas veces ese mundo exterior que llevamos nos hace sentir impostoras.

Quizás no sabemos cuál es el papel que hemos venido a interpretar, o tal vez ahora tenemos que cambiar el papel. Tenemos la brújula de nuestra vida dentro de nosotras, pero tememos tomar esa brújula en nuestra mano para que nos guíe hacia nuestro norte.

Si no la tomamos de la mano, continuaremos siguiendo caminos que no son los nuestros. Como mujeres, si no hacemos esto, nos marchitamos antes de tiempo. He visto a muchas mujeres de cuarenta, cincuenta, que parecen ancianas, y es que su útero, sus ovarios, su creatividad se marchitó, y más que nada: ya terminaron su historia. ¡Qué triste!

Esa historia es la historia que le dejamos a nuestros hijos, a nuestros nietos; es importante saber que tú eres la que no solo escribirás tu historia, sino que ¡la abrazarás!

Cuando comenzamos a preguntarnos y encontrar respuestas, el universo comienza a abrirse a nuestros pies. Algo comienza a suceder. Pero también tenemos que estar alertas ante las oportunidades que resuenan con nosotros. Es como si nuestra femineidad se reconstruyera. También son momentos de retos, personales y profesionales, pues tenemos que navegar aguas donde hay otros que van en ese barco, y si ellos no quieren seguir con nosotros, es difícil la trayectoria.

Se convierte como en un parto, estás preñada con ideas, pero no sabes qué es exactamente lo que vas a dar a luz.

Recuerdo que cuando estaba embarazada de mi primer hijo, no te decían qué era lo que ibas a tener, pero sabías que ibas a dar a luz algo muy especial, una vida nueva. ¡Y cómo cambió mi vida! Sin esperarlo, lo aprendí a amar.

Al igual que ese sentir de que algo importante iba a comenzar, sabía que mi vida iba a cambiar drásticamente. Lo mismo que con mi primer hijo, me pregunté en esa etapa de mi vida: ¿dónde están las instrucciones para seguir esto? Y de ahí salió el título de mi primer libro.

Sí, ¿dónde están las instrucciones para esta etapa de mi vida?

En el momento en que te preguntas y recibes respuestas, comienzas a ser más vigilante, observadora de los acontecimientos que te ocurren, de esas «casualidades» que se convierten en «causalidades».

Fue cuando mi matrimonio de veintiocho años terminó; ocurrieron mis caídas, mis fracturas, mis operaciones, pero fue también cuando más el camino se iluminó.

Fue también cuando más comencé a buscar la verdadera espiritualidad, pero también cuando me cuestionaba si era atractiva, cuando comencé a dejarme llevar por el conocer a otros hombres, algo que no había hecho antes.

Sé que a muchas mujeres les ocurre esto, pues también, si eres atractiva y separada, se presentan muchos o algunos a tu puerta, y si eres paciente, si das tiempo a cerrar heridas, podrás encontrar a alguien que te comprenda. Pero mientras estás en la búsqueda interior, debes permanecer sin esa compañía.

Te preguntarás entonces ¿y ahora qué? ¿Dónde está el mapa que me llevará a conocer mi camino?

¿Nos conocemos de verdad? ¿Tú te has sentido así? ¿Todas tenemos esas inquietudes? ¿Qué hacer entonces?

Si existimos en la mente del Creador como seres totales y completos, si iluminamos nuestro interior, veremos cuánta belleza hay dentro de nosotras.

No todas somos iguales, ya que todas tenemos misiones diferentes. También casi todas nos dejamos llevar por la definición que la sociedad del momento nos da.

Es nuestra obligación encender esa luz interna para encontrar nuestra diosa, la mujer maravillosa que tenemos dentro de nosotras.

Esa conexión espiritual nos dará balance. En vez de llevarnos solamente por las emociones, y por nuestro ciclo menstrual que domina nuestras emociones, tenemos que dejar que nuestro espíritu nos guíe.

¿Cómo lo hacemos? ¿Cómo encontramos ese balance? ¡Escuchándonos!

Escuchar lo que pensamos, lo que sentimos, lo que necesitamos, y lo que no necesitamos.

No hay balance cuando no escuchas lo que tu voz interior te dice; no logras vencer los retos de tu vida porque no estás conectada con tu ser interior, con tu diosa, con tu reina. Sí, esa que te dice: ¡toma tiempo para ti! Sin embargo, tú le respondes: ¡es que no puedo porque me necesitan!

Tienes que encontrar un periodo de tu día para dedicarlo a escuchar tu voz interior, a alimentarte espiritualmente.

Es el momento de escucharnos, de escuchar la sabiduría que existe en nosotras y alrededor de nosotras, para ayudarnos a recuperar la salud mental y espiritual. Somos nosotras las llamadas a guardar, a proteger la sabiduría, y es nuestra obligación compartirla con las generaciones venideras. Nos tenemos que convertir en las historiadoras que han abundado en el mundo, algunas con historias orales, otras con historias reflejadas en un canto.

Hay una puerta que tenemos que cruzar, y nosotras tenemos la llave, es un pasaje de oportunidades emocionales; somos perfectamente capaces de cruzarla con majestuosidad. Yo creo que los ángeles la abren para todas nosotras si tenemos buenas intenciones en nuestro corazón.

Nuestra diosa, nuestra reina

¿Quién es ella? ¿La conoces? En capítulos anteriores hablé de ellas, ¿te identificaste con alguna o con más de una? Yo creo que ella es la combinación de una mujer sabia, de una sacerdotisa, una rumbera, una artista; combina todo eso en una batidora y verás tu guía interior, tu musa, tú. En mi caso, es la que ahora permito que me diga lo que tengo que hacer, quizás pelee con ella o argumente con ella... pero es la que me hace pensar.

Ella es la que te guía a descansar, a darte un baño de burbujas, a bailar flamenco o rumba, o algo que te haga mover el esqueleto y te ponga en contacto con la mujer que eres... Sí, aquella que vistes de pantalones un día para seguir los pasos del hombre en tu vida laboral, pero que sabe llevar una falda y sentirse muy mujer.

Esa diosa es la que te hace reflexionar en cómo va a ser posible que lo que ella te dice puedas hacerlo en tu vida exterior... cuando tienes que acostar a los muchachos, recoger la ropa que dejó tu esposo tirada, lavar los platos que están en el fregadero, eso es si has tenido la suerte de que te recogieron la mesa... y arriba de todo eso... energía para convertirte en la diosa de amor de tu compañero.

Una reina es sabia, se ha ganado su serenidad, no se la han regalado, sino que ha pasado por pruebas. Ha sufrido y es más hermosa por ello.

Muchas veces, no queremos escuchar la voz. Porque somos tercas, no queremos dejar lo conocido por lo que no sabemos que pueda ocurrir.

En ocasiones, al no escuchar nuestra voz, nos empiezan dolores que no entendemos, dolores de espalda, de cuello. Yo me consideraba una experta en ignorar los dolores corporales, que por lo general nos avisan cuando no escuchamos lo que tenemos que hacer.

También ignoramos nuestros sentimientos, pues somos las supermujeres. De vez en cuando, algo insignificante nos trae lágrimas a los ojos, y nos preguntamos por qué estamos llorando. Y ni así le buscamos razón a nuestras lágrimas, pensamos que solo son desbalances de nuestras hormonas. No comprendemos que son las respuestas del cuerpo a la carga que llevamos. La responsabilidad de la calma en la familia, el bienestar de nuestros hijos, nuestro compañero. Hay que escuchar esos momentos, cuando nos rompen el carapacho que nos envuelve; en esa quiebra de emociones es que nuestro espíritu quiere salir, quiere que le escuchemos.

Yo creo en esos momentos, es entonces que tenemos que dejar todo lo que planeábamos y escuchar.

Te recomendaría que compraras una libreta, o si prefieres usar tu tableta, mejor. Si la llevas a todos lados, puedes escribir esas preguntas importantes. Escribir cuando estés en el mercado, o esperando en la consulta de un médico.

Quiero que logres encontrar los tesoros que hay dentro de ti. Para hacerlo tienes que entrar en el ordenador, en la programación de tu mente. Esa programación que ha decidido cosas fundamentales, como tus deseos, exigencias, valores, etc.

El reto de crecer

Recuerdo la historia del limosnero que se hallaba en un camino, sentado, pues estaba ya cansado, y pasó un viajero, al cual le extendió su mano pidiéndole algo para comer, pues él no tenía suficiente para hacerlo. El caminante le preguntó que dónde estaba sentado, ya que parecía estar sentado en un baúl viejo. Él le contestó que hacía un tiempo que tenía ese baúl, y lo utilizaba como un banco para sentarse. El caminante le preguntó qué tenía adentro, y el limosnero le contestó que él no sabía; lo había encontrado tirado en el camino y no lo había abierto. Entonces, el caminante le pidió que lo abriera porque tenía curiosidad por saber lo que tendría; al abrir el baúl vieron que estaba lleno de monedas de oro. El caminante le dijo al limosnero: «Yo creo que ahora eres un hombre rico».

Esta historia es solo para ilustrar la importancia de abrir el cofre de nuestros tesoros, los que tenemos dentro de nosotros, y eso se logra por medio de la espiritualidad.

Al comenzar ese proceso, nos damos cuenta de la necesidad de abrazar un cambio en nosotros mismos. Nos damos cuenta de que es necesario ese cambio y comenzamos a dar los pasos para, poco a poco, abrirnos a la posibilidad.

En nuestra vida, quizás nos hemos acostumbrado a concentrarnos solo en los bienes materiales y también en nuestras necesidades físicas. Hace poco tiempo escuché una historia hindú que nos dice que imaginemos una casa de cuatro cuartos. En un cuarto habita el cuerpo, al cual mantenemos alimentado, y nos preocupamos por hacer ejercicios o al menos estar en movimiento. En el otro cuarto están las emociones, los sentimientos y pensamientos; es un cuarto al que le prestamos mucha atención. Hay un tercer cuarto, que es el del cerebro, del intelecto, y le alimentamos con conocimientos, para poder enfrentarnos con las demás necesidades que están en los otros cuartos. El cuarto y último cuarto es el del espíritu, al que muchas veces no visitamos ni ventilamos. Hay una tendencia a pasar mucho tiempo en un solo cuarto; a menos que vayamos a cada uno de los cuartos con frecuencia, dejamos de ser una persona completa y equilibrada. No hay balance en tu vida.

«Capas de grasa»

Tenemos que mirar cuáles son las «capas de grasa» que tenemos en nuestra mente y que no nos dejan ver quiénes somos en realidad. Tu mente se puede volver lenta, incapaz de pensar, de explorar, de decidir, debido a todas esas «capas de grasa». Esa programación que llevamos dentro de nosotras, las creencias, ideas que nos hacen apegar a limitaciones autoimpuestas. Más adelante las convertimos en hábitos que nos aprisionan con las cadenas del pasado. Te dijeron que las mujeres solo sirven para la casa, que no deben tomar decisiones en el mundo profesional... y tú te lo creíste; sin embargo, ahora sientes que eso no es cierto. Hay que retar, cuestionar ideas que has abrazado por años, que ahora no tienen sentido.

Los problemas en la mente no se pueden resolver solamente al nivel de tu cerebro, de tu mente; no solo puedes visitar el cuarto cognitivo. Estudiar la complejidad de la mente te hará un buen psicólogo, pero no te ayudará a sanar los problemas mentales. Al igual que estudiar los estados de locura no va a dar salud mental al que sufre de ellos.

Para encontrarte tienes que tomar en cuenta tu mente, tus emociones, tus pensamientos, pero debes hacerlo pasando por el cuarto de la espiritualidad.

Nosotras, como mujeres, mantenemos nuestras emociones y sentimientos ocultos, pues de lo contrario, nos critican como mujeres débiles. Sí, por eso las mujeres con pantalones no dejan brotar sus sentimientos.

Hay veces que lloramos porque un amor se fue, o se terminó una etapa de nuestra vida, o un viaje de placer acabó. Hay que pasarlos por el filtro de «las lecciones de la vida», y sonreír por haber tenido la oportunidad de vivir esos momentos del pasado.

La función de las emociones

El pasado nos sirve de manual para comprender nuestra vida; solo mirando hacia atrás para analizar nuestros errores y lecciones. Pero el secreto de una vida satisfactoria está en enfocar nuestra mirada en el presente, hacia adelante, con nuestras experiencias pasadas como advertencias de las bellas oportunidades que están por venir.

Los recuerdos de mi padre, y los sentimientos que los acompañan, me empujaron a conocer dónde vivió y de dónde vinieron mis antepasados por parte de él. Nació en España, en Galicia, tierra de amalgama de verdes, cimas rocosas, costas de mar con azules y verdes intensos, y esos mares abrazados por montañas, donde ves molinos de viento.

Cuando llegué a la aldea, unos primos me esperaban, primos que conocía en esa ocasión. Ellos me llevaron a ver el lugar donde crecieron mi padre, mis abuelos y tíos. Entonces comprendí lo que es la perseverancia, la pasión que puede mover a un joven de diecisiete años a atravesar un mar y dirigirse a un país extraño, solo.

Muchas veces, cuando me siento preocupada por alguna situación difícil, me digo: «Si mi padre logró hacer eso, solo con su tesón y determinación, no hay nada que yo no pueda superar».

Esta historia es igual a la de miles de los que me escuchan a diario, que han logrado cruzar fronteras y mares, sufrir persecución, dejar a sus seres queridos, y me maravillo de esa perseverancia. Creo que solo tienes que tener el deseo bien claro, la meta bien escogida, dar el primer paso y determinar el que le sigue.

Momentos de reflexión como estos me hacen determinar lo mucho que quiero vivir, y vivir a plenitud.

Vivimos en un mundo donde nos recuerdan continuamente que tenemos que ejercitar nuestro cuerpo para mantenernos físicamente bien. El alimentarnos de forma correcta es necesario para nuestra salud. También es recomendable que leamos, que estudiemos, para que nuestro intelecto crezca; sin embargo, qué hacemos para alimentar nuestro espíritu, esa parte que constituye un centro de energía para nuestro ser. Les hago un llamado a ustedes para que comprendan que al estar en contacto con nuestro espíritu sabemos quiénes somos y por qué estamos aquí. Si no lo hacemos, no comprenderemos el porqué de lo que sentimos... ese vacío existencial que en ocasiones nos lleva a tratar de llenarlo con excesos.

Entonces, ¿cómo podemos alimentar y conocer nuestro espíritu? Por medio del silencio, de la meditación, separando unos minutos antes de comenzar el día, antes de cerrar tus ojos para dormir. Despierta y mira el amanecer, o algo en la naturaleza, sin escuchar los ruidos creados por la radio o la televisión, solo abre tus ventanas, escucha la naturaleza.

Cada vez que estás en silencio, te acercas un poquito más a ti y a tu verdad. La verdad que viene programada en tu espíritu.

Me encanta mirar la luna, significa tantas cosas... representa mi ser intuitivo. En ocasiones, cuando nos topamos un día medio loco, decimos: «¿La luna estaba llena anoche?».

Para mí es un ritual mirar la luna, no me importa incluso si es menguante. Es un momento especial para mí; me maravillo de su influencia en mis emociones, en mi energía y, misteriosamente, en mi intuición.

Esta noche toma tiempo para mirar la luna, observa su brillo, tamaño, color, y su posición en el firmamento; tómate el tiempo para sentir su presencia en todo tu ser, y deja que su energía te toque.

Duerme con tranquilidad, sabes que la luna te estará velando. Esta noche imagínate que lo único importante es tu descanso y paz interior, y deja que el sonido del ritmo de tu respiración te arrulle al dormir.

El ego y los obstáculos que te presenta

Al comenzar a llevar una vida con más reflexión, con más silencio, vas a poder destruir las capas, creencias que te mantienen estancada. Vas a comenzar a observar tu ego y los obstáculos que este te presenta.

Ese ego te mantiene diciendo:

Que tú eres lo que tienes, que tus posesiones te definen.

Que tus logros o lo que haces te definen.

Que tú eres lo que los demás piensan de ti, que tu reputación te define.

Que estás separada de todo lo que te falta en tu vida, que tu espacio está desconectado de tus deseos.

Que inclusive estás separada de Dios. Que tu vida depende de lo que Dios piensa y valora en ti.

Te preguntas: ¿Qué hacer? Vas a comenzar a observar lo que es cierto y lo que no lo es; vas a comenzar a destruir muchas ideas que te mantenían sin saber lo que tú realmente querías; tu espíritu, por medio de la lectura, la meditación y la reflexión, romperá las cadenas y encontrarás la brújula de tu vida.

Cruzando la frontera de lo material a lo espiritual

Es necesario comprender que existen dos emociones básicas: el amor y el temor. El amor te hace sentir más fuerte, más segura de ti misma, mientras que el temor te hace dudar y te frena en tu búsqueda de un nuevo camino.

Cómo podemos eliminar o vencer la energía del temor. Lo primero es nombrar tus temores, de esa forma no te pueden atacar desprevenidamente. Muchas veces en el programa, me llama una persona y me dice: «No sé qué me pasa, no me atrevo a ir a estudiar inglés» y por medio de preguntas logro averiguar que desde niña se sintió tonta, pues su familia se lo decía, eso creó en ella el temor de tratar de mejorar, de educarse, todo porque le metieron en la cabeza una idea incorrecta, que no era verdad. El temor de demostrar a otros de verdad que era tonta.

Después, escucha tu intuición; eso que te han dicho ¿es real o no razonable? Ella había logrado muchos éxitos en su vida, ya que inclusive mantenía desde Estados Unidos a ¡aquellos que la consideraron tonta!

Rezar, meditar y leer libros que alimenten tu espiritualidad te ayudará a vencer esos temores.

Haz una lista de agradecimientos. Toma unos minutos en tu día para hacer una lista de agradecimientos, ya que eso te confirmará, además, tu valor intrínseco.

Visita lugares que te animen, que levanten tu espíritu.

Sana las heridas del pasado, recuerda que son del pasado, no sigas cargando con ellas.

Evita llevar cargas negativas ajenas.

De esta forma desaparecerán obstáculos, como el autodesprecio, la ira, la preocupación o la vergüenza.

Ahora te presento una receta espiritual para el crecimiento y el cambio.

Pasos pasivos:

1. Meditación:
   - Reduce el estrés.
   - Calma y aclara la mente, y esto nos lleva al

2. Conocimiento y revelación:
   - Empezamos a ver qué es lo que tenemos con Dios.
   - Empezamos a ver quiénes somos realmente.
   - Empezamos a escuchar con claridad.
   - Comenzamos a escuchar la voluntad de Dios.
   - Comenzamos a encontrar paz en nuestro santuario interno.

¿Cómo hacerlo?

Establece una rutina para pensar y analizar las preguntas que te haces durante el día. No contestes todas, ve despacio, pues todas son importantes.

Establece también un tiempo para meditar; en el amanecer, cuando nadie te moleste, es el momento de conectarte con tu luz interior.

Si te pregunto cuáles son las cosas que te paralizan y no te permiten crecer, ¿qué me contestarías?

Comienza por hacer una lista de lo que más necesitas en tu vida ahora.

Te ayudo: silencio, energía, aire fresco del mar, dinero, tiempo a solas, descanso, más salud, más tiempo con mi pareja, una rutina diaria más calmada.

A lo mejor no he mencionado lo que más necesitas, no tienen que ser ni una ni diez, ponlas todas, ¡es tu lista!

Escoge de tu lista lo que tú consideras más importante para ti. Pregúntate: ¿cuál sería el primer paso que tendría que dar para lograr esto que necesito?

Recuerda que son solo pasos, puede que comiences considerando que necesitas más tiempo para ti. Escoge de las veinticuatro horas del día, de los siete días de tu semana, una hora que pudieras dedicar a ti. Por supuesto que sería mejor si pudieras tener un fin de semana, o un día entre semana, pero tenemos que ser prácticos también.

Esta próxima pregunta te ayudaría: ¿qué es lo que necesitas menos en tu vida?

Haz esa lista, puede ser: desorden, televisión, teléfono, ira, estar ocupada ayudando a todos, comida, ansiedad, etc.

¿Qué harías para poder disminuir estas cosas de tu vida?

No tienes que contestar esto inmediatamente. Piénsalo mientras manejas, cuando te bañas o cuando cocinas. Verás que una vez identificados los estresores de tu vida, comienzas a buscar pequeñas soluciones. Un autor estadounidense H. Jackson Brown dijo: «Pregúntate si lo que estás haciendo hoy te acerca al lugar en el que quieres estar mañana».[1]

Cuando comienzas a reconocer qué es lo que evita que vayas hacia tu interior, tendrás que tomar la determinación de abandonar algunos de esos estresores para encontrar esa razón de ser que buscas.

CAPÍTULO 6

El rol de la mujer como abuela, o la etapa de la mujer sabia

Debido a todos los retos que enfrenta la mujer, muchas de ellas pudieran haber deseado nacer del género opuesto. En mi caso y en el de muchas mujeres no hay género más perfecto que el femenino. Ser mujer no es fácil. Implica responsabilidades infinitas ante los seres queridos que nos rodean y ante la sociedad. Todo esto acompañado por el ejemplo que debemos mostrar debido a la presión de convertirnos en todo lo que esperan de nuestro ser.

Una mujer debe ser completa en todo sentido. Hoy en día, ser mujer se manifiesta por nuestra esencia y desarrollo. La mujer moderna debe ser buena madre, armando a sus hijos de todo tipo de herramientas necesarias para ayudar a sacarlos adelante. Herramientas tecnológicas y educacionales que le brinden todo tipo de oportunidad. Los pequeños se enfrentan a la competencia en un mundo de constante cambio, donde la mamá es fundamental por su apoyo y enseñanzas.

Ser madre hoy en día no es como en los tiempos de ayer, cuando mantener la casa limpia, y cocinar para una familia a diario eran lo esperado y esencial de cada una de nosotras. Hoy en día, además de esas habilidades, tenemos que saber cómo andar por el mundo profesionalmente, compitiendo a la par del hombre. Todo esto debe ser hecho mientras los medios nos presionan para mantenernos en una talla cuatro cuando compartimos frijoles negros y arroz blanco en una cena con nuestra familia. Tenemos que acomodarnos al calendario y la agenda de nuestra familia asegurando que todo está resuelto y creando estabilidad por la firmeza de nuestra presencia.

En otras palabras, hoy en día la mujer, por presiones externas, suele ser una especie de Barbie dispuesta a tomar las riendas como entrenadora o coach del equipo de fútbol de su hijo, convirtiéndose en psicóloga para su familia y amistades, expresando su cultura y estudio mientras sostiene su maletín de oficina en una mano y el sartén en la otra.

Como mujeres, durante unos cuantos milenios hemos recibido mensajes equívocos de lo que podemos sentir y lo que no debemos sentir. En la era moderna, la mujer joven, al mirar los medios de comunicación es motivada a lucir juvenil, sexual, en su vestimenta y en su comportamiento. Sin embargo, se insiste en que se abstenga de encuentros sexuales, de lo contrario se le considera una cualquiera. A la mujer madura se le pide que se mantenga joven por todo medio necesario, como cirugía y otros métodos, o ella simplemente tendrá que sufrir tornarse invisible a todos. En Estados Unidos, sobre todo en el área de los medios de comunicación, la mujer sufre tremendamente por su físico. No solo se tiene que mantener en forma; la edad es también una limitante, a pesar de su inteligencia y años de experiencia, eventualmente se ve limitada a seguir haciendo su trabajo. Han ocurrido ciertos cambios, pero no hay duda de que el enfoque está en la envoltura y no en el contenido. Ser mujer es algo que luchamos por expresar, y nos lo ganamos a diario.

Como la Mona Lisa, de Leonardo da Vinci, que muestra el rostro de una mujer misteriosa que durante siglos escondió su identidad, así mismo ha sido lo que se esperaba de nosotras en un pasado.

Durante siglos han existido mujeres que han luchado para ayudarnos a llegar al lugar donde estamos. Mujeres que lucharon contra todo estereotipo y reto para poder sacar a relucir aquello que llevaban dentro y tenían que brindarle al mundo. Ellas son nuestras raíces de un género ancestral y nos dan hoy día toda posibilidad de mirar al mundo a los ojos, y de pie enfrentarnos a una sociedad que muchas veces no quisiera tomarnos en cuenta. A pesar de tanto logrado, todavía queda campo por escavar.

Nuestros logros están representados por mujeres como Marie Curie, una polaca y pionera en el mundo de la ciencia, que fue la primera mujer en ganar el Premio Nobel. Igual recordamos a Amelia Earhart, que se apoderó de un mundo masculino montándose en un avión y volando por todo el océano Atlántico. En nuestra historia tenemos a mujeres como Susan B. Anthony, una activista que no paró hasta lograr el voto para la mujer en Estados Unidos. Conocemos la fortaleza de mujeres como Frida Kahlo de Rivera; esta pintora mexicana es conocida por sus autorretratos y gran resistencia en su lucha contra la pobre salud que dominaba su vida. Igual nos marcan en la historia Rigoberta Menchú, Margaret Thatcher y la Madre Teresa de Calcuta.

Ellas, entre tantas otras, han abierto el camino para que hoy sigamos en búsqueda de nuestro papel en el mundo en que vivimos. Ejemplos de labor, perseverancia, tolerancia, rebeldía y amor propios de la naturaleza femenina.

Miremos también a nuestra vecina, nuestra amiga de la niñez, nuestra abuela o esa extraña que se detiene a darnos un consejo en un momento preciso; son ellas quienes nos inspiran a seguir y aventurarnos en el camino menos trazado.

A todas nosotras nos une una historia. Pertenecemos a un club cuya iniciación no es fácil. Enfrentamos nuestros retos permaneciendo enfocadas en los que más queremos, comprendiendo que tenemos igual que ocuparnos de nosotras mismas para seguir la lucha. Conspiramos entendiendo que vivimos en un mundo donde no estaremos siempre comprendidas o premiadas, pero siempre con la esperanza de brillar y hacer una diferencia. Es nuestro granito de arena lo que no solo hace falta para balancear el mundo, sino también lo que nos compromete a seguir adelante.

Hoy en día existe una fuerza colectiva que se eleva sobre la tierra estableciendo un renacimiento femenino. Esta fuerza es mostrada por empresarias, mujeres en el mundo de la ciencia y política, maestras, madres y abuelas. Todas buscando balancear un sistema patriarcal donde el hombre y la mujer se paran hombro a hombro.

En el pasado han existido muchas mujeres feministas que han tenido que alzar la voz de forma extrema para llegar a obtener un poquito de lo que se merecían. Hoy en día la situación ha mejorado, pero indudablemente sigue existiendo una gran diferencia en el mundo de la mujer.

Yo pienso que tenemos que buscar nuestra feminidad y enfrentarnos a lo que tengamos en el camino con los atributos que nos ha dado la vida. En otras palabras, si nos conocemos bien no es cuestión de competir con el hombre. Es más bien divulgar nuestros talentos mostrándonos capaces y útiles para hacer el mismo o un mejor trabajo, porque hemos hecho todo lo posible para merecérnoslo. Naturalmente, todo esto conociendo lo que brindamos como mujeres y, a la vez, teniendo en mente nuestras limitaciones.

Como mujeres, no todas tenemos que ser lo que nos imponen los medios o una voz insólita tratando de definirnos o limitarnos. Nosotras tenemos el derecho y el deber de convertirnos en nuestra propia y única creación. No podemos estar definidas por todos aquellos o todo aquello que nos opaca o nos trata de callar. Tenemos que entregarnos a la vida con un grito propio. Un grito que exclama: «¡Aquí estoy!». Debemos guiarnos por nuestra esencia y la sabiduría que obtenemos de nuestras experiencias. Debemos aferrarnos a esas enseñanzas que nos muestra la vida y de ahí adquirir todo lo que necesitemos para definir nuestra existencia. La mujer siempre ha sido un ejemplo de belleza, pero la belleza no se define por lo externo solamente. Esta cáscara tarde o temprano se raja y rompe. No podemos dejar de valorar todo lo que somos porque no pensamos que otros vean el valor.

Me acuerdo que una vez en función de un trabajo escuché a una muchacha comentar cómo su hermano la había retado por no haber tenido las uñas pintadas, ya que ella no había tenido el tiempo para ir a la manicurista. Ella le replicó al hermano que cómo se le ocurría hablarle de las uñas cuando se había pasado una semana cuidando al padre de los dos que sufría de cáncer. La respuesta del hermano me asombró. Este le dijo que no buscara excusa, que si nació mujer tenía que estar siempre linda, bien arreglada y maquillada. Dicha respuesta me hubiese llevado, por lo menos, a quitarme el zapato y hacérselo tragar. En el caso de esta muchacha pasó lo opuesto. El comentario de su hermano fue algo que ella recibió como un mantra en su vida. Repetía el comentario del hermano con mucho orgullo, y decía que le había cambiado la vida y ayudado a estar arreglada siempre.

Yo soy una mujer muy presumida, pero también muy real. Bienvenido sea el abandono a mi apariencia si el cuidado de un ser querido toma mi tiempo. Nunca debemos guiarnos por las reglas o expectativas de los demás. Desafortunadamente, una crítica es capaz de combatir veinte halagos que recibimos. Por eso mismo debemos estar constantemente trabajando lo interno, la esencia con la cual crecemos y nos desarrollamos.

A todas nos ha pasado que hemos tenido una influencia en nuestra vida, quizás un novio, que nos hizo pensar algo completamente erróneo sobre nuestra apariencia. Lo importante es comprender que fue exactamente eso, algo erróneo y no real.

Como mujeres hemos pasado por ciclos conocidos como la menstruación, la ovulación, el embarazo, el dar a luz a un hijo, la perimenopausia y la menopausia, los cuales son experiencias de tal intensidad física y emocional que nos obligan a enfocarnos en nuestro cuerpo, sus cambios, y las señales que nos dan cuando algo no está como debe estar. Esto nos desarrolla una perspicacia que es básicamente una sabiduría del cuerpo. Sigo repitiendo e insisto que tenemos que crear conciencia y entender que nuestras decisiones son importantes. Debemos analizar nuestras emociones y las distintas etapas que hemos vivido para, con sabiduría, saber tomar decisiones basadas en nuestro bien y no en el bien de todos los demás. Cuando una mujer empieza a tomar responsabilidad de su cuerpo y sus emociones, es ahí que empieza a amarse y aceptarse. Después queda de parte de ella rodearse de personas que valoren sus cambios y la apoyen como se merece.

La mujer sabia escucha las opiniones de los demás, pero se guía por su esencia. Se cuida, y no permite que llegue nadie a quitarle la paz y menospreciarla. Nacemos con toda la inocencia del mundo y el positivismo para ayudarnos a lograr todo en nuestro camino. Son las experiencias en este camino las que nos llevan a asumir una opinión propia sobre quiénes somos. La mujer sabia acepta lo que ha experimentado y de ahí toma su lección. Cada lección va formando su carácter, y en el camino comparte lo que ha aprendido. El envejecimiento por sí solo no nos hace sabias. Con cada arruga, la mujer sabia tiene que llevar una historia. La mujer sabia aprovecha su tiempo, y lo marca con buenas decisiones.

El prepararse es algo esencial y nos lleva a la sabiduría que deseamos. Igual que uno se prepara para una fiesta, la vida tiene muchas ocasiones que requieren preparación. El estudio para mí ha sido una preparación fundamental. Quizás para ti la universidad no es algo que buscas, pero querer aprender y mantener tu mente activa para poder desarrollarte como persona y devolver lo que aprendiste a la sociedad es sumamente importante. Nunca he conocido a alguien que se haya arrepentido de haber estudiado. La mujer sabia mira sus metas a corto y largo plazo. Se llena de valentía por su fe y los buenos consejos de influencias positivas. Cada decisión es tomada con mesura e inteligencia, fijándose en lo que más le conviene a ella y a su familia. Y así de sencillo debe de ser también decidir para nosotras. Mirar a nuestro alrededor y preguntarnos: ¿me lanzo o no?

Para mí, el significado de ser abuela es un conjunto de varias cosas en combinación. La definición de la palabra *abuela* en el diccionario de la Real Academia Española es: «la madre del padre o la madre de una persona, una anciana».[1] Vemos solamente un título sin lo que de verdad significa ser y llegar a tener la bendición de ser abuela. En el mismo significado las palabras *anciana* y *abuela* no necesariamente van juntas. Hay muchas abuelas jóvenes que obtuvieron este título antes de tener la cara llena de arrugas.

Al empezar a escribir el libro siempre supe que este sería el capítulo que más disfrutaría. No solo puedo hablar de la fortaleza de la mujer madura y sabia, sino también puedo fanfarronear un poco sobre mis nietos y las memorias tan preciosas que ellos me han regalado. En este capítulo brindo mis historias con las abuelas del mundo, y abro la puerta a todas las diferentes abuelas que existen.

En este siglo XXI en que vivimos, la imagen de la abuela es muy diferente a la abuela que yo recuerdo de mis tiempos. No llegué a conocer a mis abuelos y, por esta razón, creo que siempre veo el papel de la abuela como una bendición enorme. Hoy en día hay muchas abuelas que son profesionales y que continúan funcionando como tales en nuestra sociedad. Puede que sean abuelas, pero continúan en su trabajo y son abuelas a medio tiempo.

En el pasado existían ciertas creencias erradas, según las cuales la mujer comienza a envejecer al penetrar en la etapa crítica de la menopausia, cuando se pierde la habilidad de la reproducción. Esa etapa en muchas mujeres, sobre todo en aquellas que han abrazado un solo arquetipo, como el de Hestia —la diosa griega reconocida como la diosa del hogar, la que mantiene el hogar y la familia— significa que se pierde todo puesto que ese rol desaparece, ya no le queda porque el nido o también el marido ya no están. Por eso es necesario abrazar la idea de que tu vida ha cambiado no para mal, sino para algo diferente.

Hay una historia muy bonita que relata la historia de Pepita, una señora de ochenta y dos años, que, dado su estado de salud, tenía que mudarse de su hogar a una residencia geriátrica. Como era viuda de un hombre con quien había convivido por medio siglo y estaba sola, no tenía otra alternativa.

En el camino a su habitación, la enfermera que la acompañaba le hablaba continuamente sobre lo linda que estaba la misma, cómo eran sus cortinas, sus sábanas y sus muebles. Ella con mucho entusiasmo le respondía que le encantaba. La acompañante le dijo que no se emocione todavía, que esperara llegar a su cuarto y entonces podría expresarse así.

Ella le contestó que ella había tomado la determinación y había preparado su mente a que le gustaría. Le comentó que ella hacía eso todas las mañanas al despertarse; que miraba cada día como un regalo que iba a disfrutar a plenitud; que solo recordaba los momentos felices, los que ha guardado en su mente. Le explicó que ella vivía el presente con todo lo que viniese y que la vejez era como una cuenta de banco, de la cual, de acuerdo con lo que has guardado y las cosas positivas que has acumulado, vas sacando lo que has depositado.[2]

Exactamente como en el caso de la señora Pepita, nosotros debemos ver la vida con ojos color de rosa y como un regalo que nos han dado.

Lo que siempre está en contra de la mujer es el reloj y el espejo. El reloj es algo que la persigue, mientras el espejo le da la evidencia de que el tiempo está pasando. La mujer sabia sabe cómo guiarse en determinados momentos. Con el reloj marcando la hora se da cuenta de que todo pasa, incluyendo su imagen. No importa las cremas que use o las cirugías que se haga, la vejez la espera al doblar de la esquina. Toda mujer quiere ser bella y aceptada por su belleza. Empezamos nuestra niñez con cuentos de princesas y brujas. En los cuentos, admiramos a las princesas y detestamos a las brujas. Todos estos cuentos están dictados por la belleza o por lo feo de cada una. Nunca hablan de la inteligencia de Cenicienta, más bien se refieren a su belleza y lo sumisa que era. En estos cuentos nunca describen a una princesa hablando del título que obtuvo en la universidad y la falta de sueño que sufrió para llegar a graduarse. Nunca hablan de cómo un día al despertar se sintió fea al ver el reflejo de una mujer madurando o quizás no comprendida por su príncipe. Como dice el dicho, nos han vendido un cuento.

Si algo bueno viene con la edad, es la sabiduría, saber que ahora te puedes dar el lujo de ser y hacer lo que te dé la gana. La mujer madura comprende que el tiempo le quita mucho, pero igual le da, y le trae bastante. Le da la valentía para hacer su voluntad y la certeza de que le queda poco para hacerlo. Sí, llegar a cierta edad tiene sus privilegios. Cuando analizamos los privilegios y le añadimos el legado que dejamos con la familia que formamos, nuestro enfoque cambia.

Ser abuela es algo que combina todo lo que describí. Son los años de investigación propia, las lecciones que aprendimos de nuestras decisiones, la madurez de aceptar los cambios, el crear, y el reconocer que solo existe el presente lo que nos hace abrazar el título de abuela. Aunque no todas llegan a adquirir la totalidad de los puntos mencionados, todas tienen acceso a ellos.

En la actualidad, la abuela tiene un rol muy diferente, y hay muchos tipos de abuela. Existe la abuela en casa. Es la que vive con sus hijos, muchas veces teniendo que mantener el hogar, ayudando a sus hijos a salir adelante, o teniendo que ser cuidada por ellos. También está la abuela de vacaciones. Es la que vive lejos y se pasa el tiempo extrañado a sus nietos. Además de estas, reconocemos a la abuela moderna, que es la abuela profesional o joven que todavía no quiere toda la responsabilidad que viene con este título.

La sabiduría que viene con el título de abuela es algo que se nos da como premio por todo lo que hemos logrado. Es algo que nos hemos ganado con sudor y dolor, algo que, con una barita mágica, quisiéramos pasar a nuestros hijos y nietos. El ser abuela lleva su recompensa. Nuestras memorias son la fuente de información y aliento que nos auxilia para seguir la misión que debemos cumplir.

El espejo y el reloj

Ya nos referimos antes a estos dos objetos. En la vida de la mujer, el espejo y el reloj son símbolos del reflejo físico y espiritual. Estos dos objetos comunes tienen propiedades duales. En el caso del espejo, una de estas propiedades es la habilidad de reflejar la realidad de nuestro rostro, de nuestro cuerpo, de vernos desnudas y como somos. En el caso del reloj, nos concede la maestría de marcar la hora en un momento preciso en el presente. Las otras propiedades de estos objetos son un poco más sutiles, se encuentran en la psicología de la mujer. Ambos objetos a la vez nos presentan el escenario de quiénes somos en el contexto del tiempo. El espejo nos presenta la imagen del presente y nos recuerda cómo fuimos en el pasado; el reloj nos da la hora precisa del presente y nos hace especular acerca de las posibilidades o las tribulaciones del futuro.

El espejo

El espejo es viejo, traza su historia desde el distante pasado. El primer espejo fue uno de los elementos clásicos: el agua. Nuestros antepasados admiraban el reflejo de sus caras, sus cuerpos desnudos, el profundo color azul del cielo y los paisajes primitivos que les rodeaban sobre la fachada de lagos donde las aguas se mantenían serenas. También podemos imaginar que nuestros antepasados examinaban sus rostros en la superficie silenciosa de pequeños charcos creados por la lluvia, y en el agua que colectaban en recipientes de barro.

Tiempos después, cuando alcanzamos la edad del metal, los espejos tomaron la forma de bronce pulido. Obras de arte de la antigüedad pintadas en las paredes de templos egipcios, o dibujados en pergaminos, muestran las imágenes de seres admirándose ojo a ojo con un espejo en mano.

Hoy día, los espejos están construidos de cristal, y por detrás poseen una capa de metal que refleja la luz, pero sirven el mismo propósito que han perseguido desde que el primer ser humano reconoció su propio rostro en un charco de agua.

Los espejos nos dicen la verdad, nos recuerdan el horror o el milagro de quienes somos hoy, y la trayectoria que nos trajo a este momento, en el presente, en el cual vemos nuestra propia imagen al otro lado del cristal impenetrable.

El espejo nos reclama el pasado, recordándonos cómo lucíamos años atrás. «Tu pelo no tenía canas, tu cara no tenía arrugas, tu cuerpo tenía una forma diferente». Esto nos lleva a crear una ansiedad ficticia basada en lo que vemos en el espejo y en la mujer que la sociedad nos dice que físicamente debemos ser. El mundo de hoy nos dice que la mujer debe ser delgada, lucir joven y radiante si quiere destacarse en su profesión, en el amor, o en las redes sociales.

Para que un espejo pueda presentar un reflejo, necesita luz. Simbólicamente, la luz representa sabiduría, conciencia, educación e iluminación espiritual.

Podemos usar este símbolo de la luz para ver nuestro reflejo en el espejo en una forma diferente. No como un recuerdo de cómo éramos en el pasado, o como un reflejo que nos acecha cara a cara con críticas, recordándonos que hay diferencias entre la imagen que vemos reflejada en el cristal y la imagen ficticia que la sociedad propaga. Mejor, podemos usar la luz que representa sabiduría, para honestamente ver el mundo que hemos creado alrededor de nuestro ser, examinar nuestros fracasos y victorias, las consecuencias de nuestras acciones, y crear el rumbo hacia donde queremos ir sobre la base de la realidad de quienes somos.

En otras palabras, no debemos usar el espejo para mirar hacia atrás, como hacemos con el espejo retrovisor del automóvil; más bien, debemos usarlo como una plataforma reflectora que nos muestra realmente quiénes somos y a dónde queremos ir.

El reloj

El reloj también es viejo; traza su historia desde el primer día en que nuestros antepasados reconocieron la trayectoria del sol y la luna. En aquellos tiempos, el mensaje del reloj era de esperanza, pues medíamos los días de nuestras vidas con frecuencia cíclica, y no como hoy. En la actualidad, vemos el tiempo en forma lineal, como una fecha que surge del brazo del arquero el día en que nacemos y se encaja en el círculo rojo de la diana en la noche de nuestra muerte. Su trayectoria es recta y rápida, y toma su recorrido en un espacio limitado de aquí hacia allá.

En tiempos antiguos, el sol y la luna salían y caían cada día en su trayectoria despiadada e imparable, pero veíamos el tiempo en forma diferente; estábamos conscientes de nuestra mortalidad, no obstante, al ver los primeros rayos del sol al comienzo del día, sentíamos la esperanza de un nuevo día de vida, que se repetía consistente al tener la confianza de que el sol marcaría el mediodía en su posición vertical, el solsticio de verano e invierno, y el equinoccio de la primavera y el otoño.

Pienso que nuestra noción de tener un tiempo limitado de vida surge con los relojes de arena, los cuales nos hacen ver que, al tener granos limitados, llega un momento en que la vida se acaba. El reloj de arena, con su gentil elegancia, magia y misterio, también puede ser visto como un símbolo de promesa de una vida nueva, o de resurrección, al ser reversible.

Mientras más refinamos nuestros mecanismos para medir el tiempo, se llega a los relojes mecánicos. El reloj tradicional con su cara de números nos recuerda a los primeros tiempos en la medición del día, al ver las agujas que tradicional e incesantemente dan vueltas sobre los números mientras el reloj tenga cuerda o carga de baterías. El reloj tradicional nos transmite un mensaje subliminal, el cual es parecido al mensaje del sol y la luna... habrá otra mañana, otro mediodía, otra medianoche, otro verano y otro invierno.

La versión digital del reloj es la que más nos afecta a nivel subliminal. Los números de estos relojes desaparecen uno tras otro sin darnos esperanza de que va a llegar otra mañana, otra noche u otra primavera. El tiempo marcado en el reloj digital se nos escapa rápidamente, y no tenemos forma de pararlo o aflojar su paso. Los números se derriten uno sobre otros y desaparecen sin darnos esperanza del ciclo del tiempo.

Y mientras envejecemos, vamos viendo el reloj como un amigo traidor y burlón que además de recordarnos la edad, nos pregunta el tiempo que nos queda.

Pero todo reloj, nuevo o viejo, necesita una forma de energía para poder marcar el tiempo. La tierra gira en su órbita gobernada por la gravedad del sol, y en su trayectoria nos regala la mañana y la noche; los granos de arena caen a través del reloj arcano gobernados por la gravedad de la tierra; y los relojes modernos marcan los segundos por péndulos, complicaciones mecánicas o energía eléctrica.

Al igual que usamos el símbolo de la luz para ver nuestra imagen en el espejo en forma diferente, podemos también pensar en la energía del reloj en forma diferente. Vamos a dirigir nuestra propia energía en el rumbo positivo. Vamos a ver el reloj, no como un instrumento que nos recuerda el tiempo que nos queda, sino como un instrumento que nos recuerda el tiempo que hemos acumulado.

Vamos a ver el tiempo como una caja de tesoros, como una colección de experiencias. Como un instrumento mágico en el cual conservamos nuestras más tiernas memorias y nuestras derrotas. Los besos, las promesas, los hijos, los nietos. El tiempo es un maestro.

Vamos a usar la energía del tiempo para aprender de nuestras experiencias. Con el tiempo aprendemos a ser fuertes, aprendemos nuestro valor en la sociedad, en nuestra familia y en nuestro espíritu. El tiempo es el que lentamente nos construye. El poema «Con el tiempo» expresa eficazmente esta idea del tiempo como un maestro: «Con el tiempo te das cuenta de que en realidad lo mejor no era el futuro, sino el momento que estabas viviendo».[3]

El reflejo y hora

El mundo es un espejo, y a cada quien le devuelve la imagen de su propio rostro: frunce ante él y te lanzará una mirada agria; ríete de él y con él y será un afectuoso y jovial compañero. Así pues, que los jóvenes hagan su elección.[4]

Como mujeres inteligentes podemos elegir cuál es el rumbo que queremos tomar cuando miramos el espejo y el reloj.

¿Vamos a ver el tiempo que nos queda, o vamos a ver los tesoros acumulados?

¿Vamos a ver la imagen del espejo que nos recuerda el reflejo del pasado, o como una plataforma reflectora que nos muestra realmente quiénes somos y a dónde queremos ir?

En la vida, cada persona que conocemos, cada situación a la cual nos enfrentamos, nos ofrecen un espejo para ver nuestro propio reflejo a un nivel espiritual. Al igual, estas situaciones nos ofrecen la enseñanza del tiempo.

El reflejo de nuestra vida emocional, los deseos que añoramos, nuestras creencias más profundas, nuestros pensamientos conscientes y subconscientes, todos son reflejados en nuestro propio ser por las personas con quienes nos relacionamos, por las experiencias que sostenemos cada día.

Muchas veces, en las relaciones más difíciles es donde aprendemos más. Cuando conocemos a alguien que nos desafía emocionalmente con sus palabras o comportamiento, cuando nos relacionamos con personas cuyas acciones nos provocan el reflejo de nuestros propios sentimientos de tristeza, cólera, alegría o amor, entonces tenemos la oportunidad de vernos en nuestro espejo, tenemos la oportunidad de reconocer las lecciones del reloj. Como dijimos, el tiempo lentamente nos construye. No hay nada más cierto que poder vernos en nuestra propia desnudez, vulnerables al mundo.

Cuando vivimos nuestras vidas sin esta conciencia, vemos las situaciones difíciles solo como momentos en nuestras vidas que enduramos y después pasan; pero cuando aceptamos y aprendemos las lecciones del tiempo combinadas con el reflejo de quiénes somos y a dónde queremos ir, damos grandes pasos hacia la felicidad. Dos objetos intangibles pueden, si los dejamos, ser el vínculo hacia nuestro descubrimiento. El amor propio es algo que puede ir creciendo mientras pasan las horas que marca el reloj, y seguimos cambiando junto a nuestro reflejo.

Diferentes tipos de abuela

La imagen de la abuela típica nos presenta a una señora mayor con su pelo blanco recogido atrás, la vemos vestida con su bata de casa y siempre con sus espejuelos puestos. Vemos a esta abuela imaginaria sentada en un sillón tejiendo, o cuidando de los nietos, o parada en frente de una cazuela en la cocina siguiendo sus recetas secretas de deliciosas croquetas o pasteles. Pero en muchas partes del mundo, esta no es la imagen típica de la abuela. Ella forma una parte dinámica en su comunidad. Comparte su experiencia forjada por años de aprendizaje, su estilo paciente de enseñar y de comunicar sus costumbres, su instinto materno que no muere, para el bien no solo de su familia cercana, sino de todos los que la rodean.

Abuelas de África

Las abuelas en África son líderes de sus comunidades y las encargadas primarias de los nietos huérfanos. Ellas trabajan valientemente contra el estigma del SIDA, aumentan la conciencia del virus y proveen cuidado vital a las personas que viven con esta horrible enfermedad. En este continente, a pesar del dolor y el sufrimiento, ya existen signos de que la epidemia de SIDA está en decaimiento a un nivel comunitario.

Las abuelas de África son mujeres heroicas que afrontan la adversidad mientras sus voces se unen en canto, sus cuerpos se mueven al ritmo, y se sanan a sí mismas y a sus comunidades.

Abuelas de Argentina

En Argentina encontramos a las «Abuelas de la Plaza de Mayo». Estas abuelas forman parte de una organización de derechos humanos con la meta de encontrar a niños que fueron robados de sus madres e ilegalmente puestos en adopción durante la «guerra sucia» de la dictadura militar en Argentina. La mayor parte de los niños fueron adoptados por familias militares, o aliadas al régimen, para no crear otra generación de «subversivos».

Las abuelas formaron esta organización en el año 1977 para localizar a niños raptados en los tiempos de represión y atrocidades del gobierno. Muchos de estos niños nacieron de madres encarceladas, las cuales después «desaparecieron». Las Abuelas de la Plaza de Mayo han encontrado y documentado la identidad de muchos de estos niños, los cuales fueron devueltos a sus familias biológicas gracias a sus esfuerzos.

Abuelas de Latinoamérica

Abuelas de Latinoamérica, incluyendo a las provenientes de países como Perú, Guatemala, Chile, El Salvador y Colombia, se graduaron de ingenieras en un programa de seis meses ofrecido en la India. Las abuelas se convirtieron en expertas en los fundamentos e instalación de paneles solares. Su educación en la India se efectuó a través de señales, sonidos y colores para poder facilitar la comunicación entre los diferentes idiomas de una forma efectiva. Las abuelas fueron seleccionadas para participar en este proyecto de electrificación rural por su facilidad para transmitir el conocimiento a otras mujeres que forman parte de sus comunidades y aldeas.

Estos son solo unos pocos ejemplos del valor, la conciencia y la sabiduría de las abuelas en otros países. Las abuelas ya han visto un largo tramo de la circunferencia de su círculo de vida. Han acumulado sabiduría y paciencia al poder ver el fruto de sus hijos, y por ese fruto medir su eficacia como madres, como maestras, como esposas; esa experiencia las hace indispensables en la educación y formación, no solo de su propia familia, sino también de su comunidad.

El valor cultural de las abuelas es de gran importancia para todas las sociedades. Su conocimiento, diálogo y experiencia las capacitan para construir valores culturales positivos, los cuales traen cambios sostenibles en la comunidad en que se desenvuelven.

Sus valorables experiencias les dan un lugar especial para ser guías de la generación de sus nietos, y formar parte de programas de desarrollo, política y activismo.

La abuela en casa

El papel de las abuelas, en circunstancias normales, debe ser transmitir la memoria familiar y la experiencia, complementando a los padres en la educación de sus hijos, pero nunca reemplazándolos.

La más conocida de todas, especialmente en la sociedad latina, es la abuela que vive con sus hijos. Esta abuela la conocemos porque por años fue parte del núcleo familiar. En los tiempos de antes, la abuela era conocida por lo involucrada que estaba en la crianza de sus nietos y la ayuda que les daba a sus hijos en casa. Hoy en día la historia ha cambiado un poco. Ya la familia ha adquirido cierta independencia de los abuelos.

En la actualidad, el hecho de que los abuelos vivan en casa es más bien una situación de beneficio. Por los problemas económicos que hemos tenido, vivir con la abuela se presta para compartir responsabilidades. Por otra parte, existen muchos más divorcios hoy que los que se veían hace años. Por esta razón, hay muchos más padres solteros criando a sus hijos. Esto trae cierta dificultad económica, y estas personas que antes tuvieron cierta estabilidad se ven con la presión de buscar ayuda para poder mantener la casa. Cada vez vemos más y más abuelas profesionales y jóvenes, y son ellas las que llevan la batuta en la casa y constituyen el cojín donde se recuestan sus hijos.

En mi caso, como muchos de mis radioescuchas ya saben, vivo con mi hija, Maggie, y mis dos nietos, Diego y Sofía. Para mí ha sido una experiencia única poder ayudar a mi hija y compartir con mis nietos. Compartir un hogar con tus hijos tiene sus ventajas y desventajas. Una de las ventajas es que nunca estoy sola. Siempre estoy rodeada de familia. Adoro a mis nietos y a todos mis hijos, pero un poco de silencio y descanso siempre es necesario. Hay veces que necesito mi espacio y trato de compensar el tiempo con otras cosas.

Yo tengo la bendición de contar con un grupo de apoyo integrado por muy buenas amigas. Muchas pasando por lo mismo que yo y en las mismas circunstancias en que me encuentro. Sé que tengo una misión que llevar a cabo con mis hijos y nietos, por eso mismo en los momentos en que me siento cansada, como muchas abuelas en mi lugar, trato de recargar las baterías para seguir con mi trabajo. A mí me ha llenado mucho poder compartir con mi nieto Diego todo aquello que quizás por los apuros de la vida no compartí con mis hijos. Esto pasa mucho con los abuelos que viven en casa.

También entra el conflicto entre los abuelos y los padres. Muchas veces los roces surgen entre padres y abuelos en lo relativo a la educación de los nietos. La abuela, que ya ha pasado por sus experiencias y recuerda sus errores, puede ver más allá lo que está pasando, y muchas veces por prevenir situaciones pudiera cruzar la línea. Creo que además es injusto de parte de los padres que le den tanta responsabilidad a la abuela, pero no la rienda para expresar sus inquietudes.

Aquí tiene que haber un balance muy delicado para no herir sentimientos y trabajar juntos, viviendo en paz. Es un sentimiento completamente diferente lo que uno siente cuando es abuela a lo que uno siente siendo madre. Es importante entender que ya nuestro tiempo ha pasado como padres. Como abuelas nos toca unir a la familia y entender que nuestros hijos tienen que criar a nuestros nietos con todas las herramientas que les hemos dado. Esto no significa que no los aconsejemos si vemos la necesidad, y más si nuestro consejo puede ser transmitido de forma constructiva. Muchas veces yo he tenido varios desacuerdos con mi hija Maggie, pero siempre he tratado de entender el papel de ella, dejando que sea la que decida sobre sus hijos.

Otra de las razones que lleva a las abuelas a vivir con sus hijos puede tener que ver con su salud o porque quizás se han quedado solas luego de la muerte del esposo. En este caso, los hijos, además de fungir como padres, cuidan de la abuela, que ahora requiere cierta atención de ellos. La mayoría de la responsabilidad del cuidado de todos cae sobre los hijos. Esta situación es bien conocida como el grupo sándwich, refiriéndose al hijo que está en el medio de los nietos y la abuela.

Pero como todo en la vida, cada caso es único y cada circunstancia diferente. Aquí también hay un balance que entender. Muchas veces la depresión de una abuela que se siente sola puede ser un arma de culpabilidad para los hijos. Yo he visto muchas abuelas manipuladoras que se aprovechan de sus hijos y les quitan la privacidad que necesitan como núcleo para retener la atención que tanto añoran. Naturalmente si ella necesita nuestro cuidado porque está enferma debemos asistirla y estar a su disposición. Yo hablo de la abuela que siempre busca un achaque o alguna queja para ser el centro de atención. Siempre sugiero manejar esto con mucha mano izquierda, pues no debemos olvidar que estamos hablando de una persona mayor y digna de nuestro respeto. Todo se puede lograr mediante la comunicación.

Para la abuela que llega a vivir con sus hijos porque ya el esposo no está, el amor de los hijos sirve como una gran curita sobre una herida que tardará en sanar, dejando una cicatriz enorme. No solo será un cambio para los hijos acostumbrarse a tener a la abuela en casa, sino que la abuela, que está sufriendo una pérdida, tendrá que pasar a un segundo plano sin tener la atención y el afecto de su pareja.

Otro caso que pudiera ocurrir es el de la abuela que vive con los nietos cuando ha ocurrido la muerte de un hijo. Aquí la abuela tiene un papel doble. A ella le toca establecer reglas, como haría un padre, para lograr la estabilidad de sus nietos, añadiendo y no olvidándose de la comprensión que tiene que tener como abuela. Esto pudiera ser un conflicto si la abuela y los padres tienen visiones diferentes acerca de la vida. O sea, los padres pudieron ser rígidos y los abuelos no; sin embargo, si de verdad quieren establecer una estabilidad sólida y ayudar a sus nietos, quizás lo pudieran lograr por el beneficio de ellos y el respeto hacia los padres.

La abuela de vacaciones

Hoy en día la abuela de vacaciones, igual que la abuela en casa, es muy conocida. Desafortunadamente, muchas abuelas viven lejos de sus hijos. Quizás los hijos se fueron de su país por cuestiones de trabajo, pareja, o simplemente buscando otra vida. Cualquiera que sea la razón, esto deja a la abuela en una situación delicada en la que, si no hay visitas, ella pudiera llegar a ser una completa extraña para sus nietos.

Lo más importante para la abuela que vive lejos es no competir con la abuela que vive cerca de los nietos. Como abuela eres única e irreemplazable.

También es importante cuidarse de no malcriar a los nietos que viven lejos. Por lástima, hay abuelas que suelen malcriar a los nietos debido a un sentimiento de culpabilidad o por querer caerles bien. Lo importante es comprender que la unión de *abuelo* se hace por el ejemplo que *les* damos y la continuación de las enseñanzas de los padres. Si la abuela no se cuida en seguir estas enseñanzas puede sufrir el distanciamiento de sus hijos y nietos.

Muchas abuelas me llaman a la radio comentando lo tanto que extrañan a sus nietos y cómo pudieran apegarse más a ellos. Yo les sugiero que si no tienen recursos para irlos a ver, pues que les manden cartas y fotos, aunque estos estén pequeños. Hay abuelas que se cartean con sus nietos y no los llegan a ver por largo tiempo, pero por la correspondencia habitual que han establecido crean una relación muy apegada. Naturalmente, suele pasar que los nietos escogen a la abuela que vive cerca como la preferida. Aunque esto no pasa en todos los casos. Tiene que ver con la personalidad de la abuela y el acoplamiento de cada nieto con ella, ¡es cuestión de afinidad!

Aunque el mejor contacto es cara a cara, mientras más contacto visual o por teléfono exista, mejor comunicación habrá entre los nietos y la abuela.

Mi hija, Lisa, vive en Boston con su esposo y mis cuatro nietos. Carl, mi otro hijo, vive con sus dos hijos en Atlanta. Los tengo en diferentes partes del país. Mi trabajo requiere mucho tiempo, y los nietos que viven conmigo igual. Esto no quita la importancia de mantener comunicación no solo con mis adorados nietos, sino también con mis hijos. Aunque Lisa es muy capaz de resolver sus cosas, necesita una mano de vez en cuando, y Carl es un padre recién divorciado, con necesidad de apoyo. A menudo, yo trato de viajar a verlos, o los traigo a mi casa, en Miami, para que ahí también compartan todos los nietos que viven lejos con sus primos. Hablo con mis hijos todos los días, a pesar de la agenda que tenga. Comprendo que lo más grande es la comunicación que haya entre mis hijos, mis nietos y yo.

Hace poco, en la radio tuve la sorpresa de un radioescucha que llamó para decirme lo caballeroso que era mi nieto mayor (hijo de Lisa) en Boston. Yo me quedé sorprendida. Hasta mi productora no sabía de qué se trataba la llamada. Después la señora me explicó quién era ella y cómo conocía a mi nieto. Resulta que la señora es nada menos que la abuela de la nueva noviecita de mi nieto, y recién lo había conocido en una fiesta familiar. Ella era radioescucha mía y me llamó para felicitarme por el nieto que tenía. Yo ya conocía a la nieta de la señora y quedé muy orgullosa. Ya sabía lo bien educado que estaba mi nieto, pero tener a alguien que me lo asegurara me trajo mucha felicidad y tranquilidad por la labor que habíamos hecho como familia. En ese instante se me subió lo de abuela a la cabeza. Esa misma tarde, después de mi programa, yo estaba comunicándome con mi hija para contarle lo que había pasado.

Comprendo que a veces no tenemos los recursos para poder viajar a ver a los nietos, pero hoy en día vivimos en un mundo tecnológico y muy conectado. Podemos comunicarnos con nuestros nietos por computadora, por teléfono, por mensajes de texto, y por aplicaciones en el teléfono, dependiendo del plan que cada uno tenga con su compañía. Lo importante es hacer el esfuerzo. Nosotros tenemos el deber de ejercer nuestro título de abuelas buscándonos el camino hacia el corazón de nuestros nietos.

Hay veces que pensamos que nuestra influencia no es tan importante para nuestros nietos. En un mundo de tecnología, los muchachos viven con las narices metidas en un juego de video, un teléfono o una computadora. Tenemos que seguir insistiendo. Tenemos que seguir hablándoles de historias de nuestro pasado, de la familia, de lo que añoramos para ellos. La abuela es un ejemplo muy grande para la familia; es el vientre de donde nace todo.

Para mí uno de los momentos más significativos fue cuando pensaba que me iba a mudar de Miami y montar un estudio para hacer mi programa desde Boston. Mi nieta Alessandra, que vive en Boston, con once años de edad, escuchó una conversación que yo estaba teniendo con su mamá y empezó a buscar casas cerca de la suya. Entró en la computadora a buscar alguna casa que no quedara muy lejos de ella. Cuando mi hija Lisa le preguntó qué hacía ella, le contestó que quería que me mudara cerca para ella poder ir a mi casa cuando quisiera. A mí se me aguaron los ojos. Esta pequeña añoraba a su abuela y quería lo que tienen mis otros nietos que viven conmigo: una abuela disponible. Nunca me imaginé lo tanto que ella me extrañaba. Cada vez que voy de visita se me hace difícil volver a casa, aunque los dejo con mucha tranquilidad en un hogar maravilloso que han formado mi hija y yerno. Son los momentos que he pasado con mis nietos los que han formado los lazos entre nosotros. Los momentos de cuentos, de tareas, de tranquilidad y hasta de regaño.

La abuela moderna

La abuela que aparece hoy en día es la abuela moderna. Más y más vemos abuelas que obtienen este título bien jóvenes. Muchas de estas por dificultad con el estereotipo del significado de abuela hacen que los nietos las llamen por otro nombre. Buscando un apodo adecuado para poder asumir lo que la vida les ha puesto a ellas. Indudablemente, algunas de estas abuelas se ajustan con el tiempo al nuevo cambio en sus vidas, mientras otras viven en conflicto con su nuevo rol. La edad de la abuela influye tremendamente en la relación que pudiera tener con su nieto. Lo ideal sería convertirse en abuela en el momento de tu vida que consideres más adecuado, pero casi nada pasa exactamente como nos lo imaginamos o queremos. La vida impone las condiciones y es cuestión de saber aceptarlas.

Las abuelas jóvenes no solo lidian con el conflicto interno de sentirse viejas antes de tiempo, sino también con la parcelación de su tiempo debido a una nueva responsabilidad. Viven una doble vida: quieren mantener una vida propia y a la vez quieren ayudar a sus hijos con la crianza de los pequeños. La abuela joven y moderna suele tener hijos que también están jóvenes y que necesitan apoyo para poder criar a los nuevos miembros de la familia. Los conflictos empiezan a ocurrir cuando los hijos tienen una actitud de merecérselo todo. En otras palabras, ellos creen que si ya eres abuela debes dejar de tener tu propia vida y tus propios entretenimientos porque ahora te toca cuidar a tus nietos. Esto es algo con lo que batalla la abuela moderna con frecuencia. Yo siempre insisto en que quien quiere tener sus hijos debe criarlos. Esto no quiere decir que reciba ayuda externa, pero siempre agradecido por el apoyo brindado.

La abuela moderna también tiene vida social, se mantiene activa, y muchas veces trabaja fuera de la casa. Con el paso del tiempo vemos más y más abuelas que mantienen una vida social muy amplia. Tienen una agenda extensa llena de compromisos. Muchas han pasado un divorcio y están aprovechando una nueva oportunidad para salir con amigas o pretendientes. Aprendiendo a vivir la vida a plenitud después de haber pasado un cambio muy grande. Por esto mismo, ellas esperan ser entendidas por sus hijos, sin embargo quedan desilusionadas. Usualmente, el hijo no comprende la situación de una madre con vida tan activa, y es ahí donde le toca a esta abuela acertar ciertas barreras.

Muchas abuelas modernas también viven con un esposo y abuelos que son muy activos y requieren mucho de su tiempo. La abuela moderna puede tratar de dividir su tiempo y esta situación causa ciertos celos de parte del esposo y del hijo. Los dos con la idea de que ella debe estar atendiéndolos. Esto causa mucha frustración para la abuela moderna. Ahora no solo tiene la responsabilidad profesional, sino también la carga de culpabilidad de no atenderlos a todos.

Hasta no hace mucho tiempo, convertirse en abuela marcaba el ingreso a la tercera edad o a la vejez. Hoy, ser abuela no equivale a ser vieja, debido al aumento de la esperanza y calidad de vida. En la actualidad, cada vez son menos las abuelas que se quedan en la casa al cuidado de los nietos, más bien tienen su propia vida y, generalmente, llevan un ritmo agitado, si lo comparamos con generaciones anteriores.

La abuela moderna está dispuesta a aconsejar, apoyar y apapachar a sus nietos, pero no a educarlos completamente y sacrificar todo su tiempo libre.

La abuela moderna también tiene una vida sexual. Todavía se siente lo suficientemente joven para sentirse sexy y deseada. Esto causa un problema en el cuidado de los nietos. Se pudiera encontrar decidiendo pasar una noche de pasión con su esposo o cuidar a sus nietos para que los padres tengan tiempo libre. Esto no solo le puede causar problemas matrimoniales, sino también un gran conflicto interno.

Cuando la abuela moderna puede encontrar el balance entre su propia vida y la responsabilidad de ser abuela, puede aprovechar más que nadie una experiencia única y maravillosa. La abuela moderna tiene más agilidad y conoce mejor el mundo en que vivimos. Este conocimiento le da otra cara a la moneda, dejando que ella comprenda mejor a sus nietos.

La tercera edad de la mujer sabia y enamorada

Después del análisis que hemos hecho sobre la abuela, no queda dudas de que el envejecimiento es parte del papel. Para muchas personas, la vejez o la tercera edad es un proceso continuo. Un proceso en el que encontramos nuestro crecimiento intelectual, emocional y psicológico. Es un periodo en el que se goza de los logros personales, y se contemplan los frutos de todo lo que hemos logrado, dejando nuestro testimonio a la generación que nos sigue. Es nuestra evidencia de que existimos y pusimos nuestro granito de arena en el gran plan de vida.

La vejez empieza a los sesenta y cinco años y nos lleva por un camino de deterioramiento corporal. Esta es la ley de la vida debido al proceso de envejecimiento. No todos envejecemos iguales. Las consultas de cirujanos plásticos están llenas de mujeres queriendo detener el proceso, o por lo menos aparentar una década menos de la edad real.

La vejez nos aproxima a la muerte haciéndonos reflexionar en nuestro pasado. La tercera edad nos lleva a descifrar lo ocurrido y concluir sobre un ciclo que tiene que ver exclusivamente con nosotros y todos aquellos que han tenido una influencia vital en nuestra vida. Es la edad de las arrugas en la cara y curvas perdidas. Por esta razón se nos hace difícil imaginar a una mujer de la tercera edad enamorada e ilusionada.

La mujer por naturaleza es un ser guiado por sus emociones y sentimientos. El amor se nos puede aparecer a cualquier edad. La mujer madura tiene la ventaja de mirar la vida más prácticamente. Comprende que no le queda mucho tiempo y disfruta cada momento a plenitud, viendo todo como un regalo.

Llegar a la tercera edad puede resultar como el fin de muchas cosas, pero también el empezar de otras, una renovación de lo que nos queda. La mujer sabia de la tercera edad aprovecha toda oportunidad para robarle todo a la vida que le queda.

El duelo es parte de lo que tenemos que enfrentar. Las mujeres suelen vivir más que los hombres. Si llegamos a vivir hasta nuestra vejez tendremos que superar muchas pérdidas: amigos, familiares, trabajo, salud física y nuestras habilidades. Por eso cuando llega la posibilidad de disfrutar la vida en la última etapa que tenemos, debemos beneficiarnos de todo lo que nos ofrece.

¿Es posible enamorarse en la tercera edad como una adolescente? ¿Por qué no? Toda mujer lleva una niña y una adolescente dentro. La sacamos en nuestros recuerdos y momentos de nostalgia. Sentir cosquillas en el estómago no es algo que puede pasar solo en la adolescencia. La palabra *amor* muchas veces está asociada con la juventud. ¿Acaso el amor tiene edad?

La mujer sabia y de la tercera edad ama sin esconder nada, pues entiende que se está desafiando solamente a ella misma. No busca consecuencias ni evidencias de por qué está amando, solo el hecho de poder hacerlo le basta. Escoge mejor a su pareja porque comprende que le hará falta hasta el fin de sus días. El tener arrugas y canas significa que ha vivido e iniciado proyectos. Entiende que el amor es un sentimiento indestructible y podemos seguir amando hasta la muerte. La relación a esta edad es más madura y espiritual, y menos superficial.

Creo que es importante decir que la mujer puede arrugarse y envejecer, pero esto no quiere decir que se vuelve una momia sin deseo. Muchas mujeres en la tercera edad tienen vida sexual. Todo esto depende de la pareja que tiene al lado. Si el amor a la tercera edad no fuera posible, por qué habría tantas personas en la Internet, con más de sesenta y cinco años de edad, buscando pareja.

El amor puede llegar a cualquier edad. Hoy vemos a muchas mujeres en la tercera edad con muchachos más jóvenes que ellas. Antes eran los hombres más maduros buscando a la mujer joven. Ya hoy en día vemos que la mujer, igual que el hombre, puede buscar este mismo tipo de relación. No critico a la mujer madura que quiere estar con un hombre más joven; solo insisto en que sepa y defina bien las circunstancias. Muy pocas son las relaciones reales con tanta diferencia de edad. La dedicación que le tengo a mi carrera y mi familia no me ha dado la posibilidad de encontrar pareja, pero creo que si lo hiciera, buscaría una relación más profunda donde los dos sintiéramos cierta complicidad por las etapas que hemos vivido. Buscaría a un hombre contemporáneo conmigo para poder hablar de lo que hemos experimentado. Prefiero compartir con un hombre que se mantenga activo, pero que igual comprenda el fruto de lo que ha vivido y la familia. No sé si ese amor está en mis cartas. Sé que todo es posible, y que solo el amor es lo que nos queda al final de la vida.

Lo que para mí significan mis nietos

El ser abuela ha sido algo muy especial en mi vida. Me han preguntado si para mí ser abuela es una extensión de lo que es ser madre. Yo pienso que es algo muy diferente. El ser abuela es otro chance para hacer una obra de arte. El ser madre es un borrador de lo que después, por otra oportunidad que te ofrece la vida, puedes enmendar. Yo tengo cuatro hijos y ocho nietos. He sido muy bendecida, pero el camino no me ha sido fácil. Como madre he tenido que pasar mis dolores de cabeza educando a mis hijos. Noches de preocupación, momentos de desilusión, cansancios astronómicos; llevando una disciplina y una doctrina que yo pensaba que los podía ayudar en la vida. Tengo que decir que los dolores de cabeza nunca pasan, pero sí estoy muy orgullosa de mis hijos y de lo que son hoy en día.

Me alegra ver cómo ellos instruyen con paciencia a sus hijos usando los mismos valores y principios que se les enseñó. Como abuelos tenemos una gran responsabilidad, ya que somos portadores de la historia de la familia, y transmisores de cultura y valores. Con más nietos tomé más consciencia del rol de ser abuela. Quiero que me recuerden con cariño, pero también con admiración. Aprovecho cada instante para dejar un poco de mí en cada uno de ellos y que sepan, sin dudas, lo importante que son cada uno para mí. Quiero que tengan todo tipo de oportunidades y que crezcan en fe y amor por el prójimo. Que entiendan sus raíces y valoren a la familia, compartiendo y ayudándose el uno al otro.

Espero que mis nietos —Marco, Gabriela, Enzo, Diego, Alessandra, Nico, Paolo y Sofya— sepan que los quiero con toda el alma, que estoy aquí para consentirlos, enseñarles valores, buenas costumbres, y experimentar la vida con ellos.

CAPÍTULO 7

Reclamamos nuestra gloria

El camino a nuestro interior, el cual nos lleva a nuestra gloria, se logra por medio de momentos de silencio, de meditación, de contemplación de todo lo bello que nos rodea.

Cuando realmente abrazamos el hecho de que queremos brillar, que queremos conocer a nuestra diosa, todas las limitaciones que hemos llevado dentro de nosotras comienzan a desaparecer.

Cuando comienzas a seguir las técnicas de relajación, las de la respiración relajada, utilizando las afirmaciones y el caudal de imaginación visual que posees, comienzas a vivir diferente, a mirar tu entorno con ojos y oídos diferentes.

Recuerdo que cuando comencé a meditar, buscando respuestas, las palabras daban vueltas en mi cabeza, y no lograba el silencio de mi mente.

En mi caso, yo busqué un lugar donde no hubiera ruido: mi habitación, a la hora en que nadie me interrumpiera, temprano, antes de que los demás se levantaran; me puse audífonos, y escuchaba el sonido, sí, el sonido de los llamados «tibetan bowls», un sonido similar al que ocurre cuando frotas el borde de un tazón de metal.

Hay personas que escuchan música clásica o religiosa, sin voz cantante, y logran el mismo efecto. Más adelante, cuando hagas de esos momentos especiales una rutina, no necesitarás nada, tu podrás hacerlo, donde sea, sentada, caminando a solas, rezando.

Esto no se logra en un día, en un mes; es un proceso, en mi caso, combinando la meditación con las lecturas, con tiempos de silencio, con afirmaciones, comencé pacientemente a encontrar a esa diosa que me decía: «Escucha, escucha a otros que tienen mensajes espirituales para ti».

Aprendiendo a escuchar con toda nuestra intuición

El mundo espiritual está basado en preguntas. Como mujeres, no hay quién nos gane a la hora de encontrar un lugar, pues no nos da pena preguntarle a alguien cómo llegar, ¿verdad? Pues, ¿cómo podemos practicar lo que es escuchar con algo que tenemos en cantidades industriales?

Primero, debemos enmarcar nuestras vidas preparando nuestro interior para poder disfrutar, amar, vivir y bailar.

Para poder hacer esto tenemos que descansar apropiadamente, tomar pautas, reflexionar.

Si queremos que esta espiritualidad florezca tenemos que rezar, meditar y abrazar los silencios, como les mencioné anteriormente.

Alguien dijo que la presencia del signo de interrogación marca la presencia de Dios. Donde «el blanco y el negro» (quiere decir posiciones inflexibles) está presente, Dios no está.

Abraza a la diosa, imagínatela, y abraza la divina percepción que ella tiene de ti. Podrás tener conversaciones con ella, le podrás pedir que te deje ver el valor tan grande que tienes, para que comiences a creer en ese valor. Cuando creas que tienes ese valor verás que lo que se te acerca está relacionado con tu valor.

Cuando las mujeres pensamos que somos poca cosa, se nos acercan personas que creen que no valemos, y nos usan.

Mientras no abrazamos esa luz, seguiremos en las tinieblas sin encontrarnos, pues estamos a ciegas.

Hay veces que cuando recibimos un golpe emocional, como el de perder una pareja, por creernos que tenemos un poder superior, nos dejamos llevar por el ego, y nos juramos que no vamos a sufrir más, y ese poder que creemos tener no nos permite volver a amar como una mujer puede amar, con ternura, no con superioridad.

Pues en toda esta búsqueda de la reina, no nos olvidemos de nuestra femineidad, la dulzura, la compasión, la intuición de cuando algo va a suceder. Son características femeninas que no debemos perder.

Al estar en nuestro trabajo, por ejemplo, cuando estoy dando un seminario, poseo la característica masculina de la energía, y la femenina de la comprensión y conexión con el público.

Cuando regreso a casa del trabajo, tengo que dejar esa energía masculina que muchas veces necesitamos, y tomo un tiempo para respirar profundo y retomar esa energía femenina, para con nuestra pareja, nuestros hijos, nuestros nietos.

Recordemos que los dos, el hombre y la mujer, se balancean: él con su energía masculina; y tú con la energía femenina. Ese es el balance.

Creo que la mayoría de las mujeres buscan a un hombre con esa energía masculina; si tú quieres ese hombre, tienes que demostrar tu ser femenino, pero recuerda la diosa, la reina que hay en ti, no una esclava, sino una mujer completa, maravillosa, en la que él puede sentirse apoyado, amado y comprendido.

No podemos convertirnos en la amazona. Por circunstancias de la vida, ya que llegué en la adolescencia a este país, me convertí en la mujer fuerte; si lloraba, era en silencio, y tenía que ayudar a mi madre con el idioma y con todo lo demás. Mi padre siempre fue mi héroe, y de niña no miraba a mi madre como con un papel fuerte. Yo quería ser tan fuerte como mi padre, y por eso me convertí en la «hija de mi padre». Continué con esa posición aun cuando escogí carrera, siempre ayudando a los demás, enseñando a los demás, enjugando las lágrimas de los demás, pero sin derramar las mías.

Al casarme, tomé la batuta del hogar, pues al principio mi marido lo prefirió así. Respondía a las situaciones financieras, a los hijos, a todo.

Él era un hombre trabajador, pero prefería que yo tomara la dirección de la casa, de los niños y, además, trabajaba.

Como era hija de mi padre, abracé esa posición de energía masculina, pero después eso fue lo que comenzó a terminar con el matrimonio.

¿Te ha pasado? Que después te digan: ¡no quiero que me escojas la ropa! ¡No me preguntes qué hice con esto o lo otro!

Es que él comenzó a triunfar y a reclamar su energía masculina. Entonces comprendí que la mujer tiene que aprender a ser mujer y a saber balancear el rol de supermujer. ¡No es fácil!

En la sociedad en que vivimos, cuando hablamos de que una persona tiene poder, por lo general es alguien con éxito en el mundo. Si es un hombre, el que tiene poder económico no hay problema. Si es la mujer la que tiene poder económico, no siempre se le mira bien. Esto puede causar división en el matrimonio.

También por eso muchas mujeres se sienten tan poderosas al ganar más que el esposo, y no ven la necesidad de continuar con él. Esa es una mujer que dejó de ser mujer, que ha permitido que la sociedad le haya robado su esencia de mujer.

Hay que olvidarse de la idea del hombre poderoso y la mujer que lo apoya solamente. Es necesario aceptar que los dos se deben apoyar mutuamente. Las mujeres no podemos estar con hombres que nos frenen, pues tenemos una misión que cumplir en esta tierra, y él debe comprenderlo. El quedarse con un hombre que no permite que llegues a hacer esa misión sagrada y que inclusive se burle, no es aceptable. Y sí hay muchos hombres evolucionados que entienden y comprenden eso, porque forman una sociedad con su compañera que los protege y ayuda.

Las mujeres conocemos lo que es gritar y llorar. Lloramos y gritamos cuando nos hacen daño, cuando parimos, y cuando llegamos al placer del orgasmo. Hay hombres que nos pueden llevar a esa pasión sexual y también a la pasión por una misión. Las mujeres que lloran solo por llorar, de impotencia, atraerán a hombres que las harán llorar de sufrimiento y abandono. La mujer que tiene dentro un volcán, una reina en el corazón, atraerá a un hombre que es un rey, que la acompañará. Al verla triunfar, a ese hombre se le llenarán los ojos de beneplácito. Estamos en un momento diferente en la historia en el que surge una nueva mentalidad.

Para que el proceso sea beneficioso, una vez que comienzas el camino de la espiritualidad tienes que abandonar las ideas que has aprendido desde pequeña, los apegos materiales, y comenzar a abrirte a las posibilidades que se te presentan.

Abre tu mente a las posibilidades, y aprende a escuchar. Si alguien te dice: «Creo que serías maravillosa haciendo esto», no digas: «Ah, si yo pudiera, eso es soñar despierta». Pues no, quizás entonces puedas analizar lo que esa persona te dice, y por lo menos piensa: *Y ¿cómo comenzaría esto? ¿Cuáles son los pasos a dar?* Si tú estás convencida de que no puedes lograr esto o aquello, no lograrás nada en tu vida.

Para eso tienes que dejar ir esos apegos que llevas desde pequeña, que quizás sin mala intención te dijo una maestra, tu propia
madre o alguien más.

En El Curso de Milagros, te dicen que cuando practicas la
paciencia infinita, produces resultados inmediatos. Inclusive, en
las palabras de Cristo, reportado en la Biblia, te dice que cada uno
de nosotros tenemos el poder de hacer milagros. Él nos dejó un
patrón a seguir. Él siempre estará con nosotros.

Creo firmemente que si lo que queremos es algo que está ali-
neado con nuestro interior, y solo pensar en la posibilidad nos da
una felicidad interna, el milagro se cumplirá.

Lo importante es precisamente abrazar esa visión, sentir
esa felicidad cuando uno quiere algo, pero pacientemente dejar-
la ir.

Recordemos que es importante tener la creencia de que va a
ocurrir en el momento exacto. Es creer sin reservas, sin negociaciones, dejar que ocurra.

Esto va más allá de todo lo que has leído, es tener fe, y dejar ir
todas las ataduras.

Cambiemos el pensamiento o el comportamiento y nuestros
sentimientos cambiarán. Por medio de afirmaciones positivas,
leyendo historias que inspiran, caminando, llamando a un amigo
o amiga por teléfono, saliendo con alguien que te levanta el ánimo,
son comportamientos que te ayudarán.

Haz ejercicios regularmente, por lo menos durante veinte
minutos, cuatro veces a la semana. Evita alimentos de alto contenido de azúcar, como dulces, pasteles, helados, etc.

Evita comenzar nuevos proyectos que te traigan frustración y
estrés cuando estés en esta búsqueda de ti misma.

Haz ejercicios de relajación y de respiración profunda.

Ve comedias y ten un diario o libreta con pensamientos que
eleven tu espíritu.

Pasos positivos:

Por medio de estos consejos y la práctica espiritual llegarás a:

1. Aceptarte:
   - Aceptarnos tal como somos, tal como nos vemos.
   - Perdonarnos y perdonar a los demás, de manera que nos liberemos del ayer.
2. Abandonar el pasado.
3. Sanarte.
4. Comenzarás a visualizar más positivamente.
5. Te sentirás vigorizada.
6. Crearás nuevos reflejos positivos.
7. Crearás y afirmarás una nueva imagen, y la abrazarás.
8. Dejarás de vivir en el pasado y en el futuro, y comenzarás a vivir en el presente.

TERCERA PARTE

Tu legado

CAPÍTULO 8

Abraza tu esencia

Hemos ido viendo la historia de lo que fue y lo que es ser mujer. Te has ido imaginando tu vida, con sus distintas etapas.

Ahora depende de nosotras continuar contribuyendo a determinar cuál será nuestra posición en el mundo del futuro.

Hemos observado dónde está nuestro poder y cómo podemos reconocerlo en nosotras. Por medio de ir hacia adentro lograremos conocer nuestra esencia, nuestra misión.

Encontrando la fuente de tu poder en tu interior, reconociendo que la espiritualidad es el factor clave para el cambio necesario para encontrarte.

En el capítulo 6 analizamos los obstáculos que nos distraen y no nos dejan escuchar esa voz interior que está ahí para guiarnos.

En el capítulo 7 exploramos la importancia de reclamar nuestra gloria, tu gloria.

Ahora ¿qué va a pasar? ¿De verdad quieres ser todo lo que puedes ser?

Pues si de verdad creemos lo que los grandes pensadores de la historia han postulado, que nosotros, hombre y mujer, estamos formados por cuerpo, mente o pensamiento, y espíritu o alma, y que nuestra vida se controla a través de la mente, entonces tienes que tomar conciencia de que todo se origina en el pensamiento, por lo tanto, si tenemos pensamientos insanos, debilitantes o negativos, estos causarán un efecto negativo en nuestro organismo, además de atraernos acontecimientos tristes y adversos.

Platón, filósofo griego, afirmaba que no se puede tratar de sanar el cuerpo si no se sana el alma también.

Mi propuesta es que una vez que tomes conciencia de esa vida interior, donde sientas salud, paz, generosidad, amor a ti misma, y abundancia, esto se traducirá en pensamientos positivos, y lograrás desarrollarte a tu máximo potencial.

Para llegar a hacerlo tienes que entender esta premisa, entender el proceso. Cuando lo entiendes, te sientes bien, generas pensamientos positivos, y todo a tu alrededor se pone de acuerdo para armonizar tu estado de ánimo.

Cuando no tienes el concepto, es fácil que caigas en numerar tus limitaciones, y solo pienses que vas a fracasar.

Al tomar esa posición, tus emociones, tus sentimientos evitarán que encuentres soluciones a tus problemas y equivocarás tu camino. Recuerda que si piensas negativo, transmites negatividad y reproduces situaciones negativas.

El Poder Supremo nos ha dado un mundo de dualidades, del bien y del mal, pero nos dio también el libre albedrío, el tener la libertad de escoger el camino. Ese libre albedrío nos da a escoger entre las posibilidades que se nos presentan, y entonces tomar decisiones y lograr nuestras metas.

Pero si no sabemos, no tenemos conciencia de las posibilidades que tenemos para elegir, somos como veleros en el mar que el viento lleva de un lado al otro, porque el timonel no sabe manejar las velas. Si miramos nuestra vida como un libreto que ya está escrito, si pensamos que estamos sujetos a los vientos de nuestra vida, sin conocer que sí podemos crear nuestras propias experiencias y manejar nuestra vida mejor, entonces caeremos en el vaivén de las olas de las circunstancias de la vida, unas veces de aguas calmadas, y otras de verdaderas tormentas.

Entonces ¿cómo comenzamos a cambiar?

En mi libro, *Los 7 pasos para ser más feliz*, hay ejemplos de cómo cambiar esos pensamientos negativos, cómo descontinuar esos recuerdos, esos momentos que nos causaron tanto dolor.

Cuando esos pensamientos, esos recuerdos regresen, encuentra un lugar donde puedas estar sola, en silencio solo unos minutos.

Respira profundamente varias veces, inhalando por la nariz, y exhalando por la boca, varias veces, con lentitud, con los ojos cerrados, sentada cómoda, evitando tensión en el cuerpo; toma la posición de meditación y con propósito deja que tu imaginación te lleve a un lugar favorito, puede ser una playa, un bosque, un río, algo que recuerdas que te daba satisfacción, o quizás algún lugar que quieres visitar y te lo imaginas. Relaja todos tus músculos, comenzando por los de la cabeza, la cara, el cuello, el pecho, el estómago, la espalda, tus glúteos, hasta las piernas y los dedos de los pies. Esto te hará sentir una sensación agradable, pues habrás dejado ir toda la tensión acumulada en tu cuerpo. Entonces sientes una especie de felicidad, y das gracias al Creador porque se está manifestando en ti.

Recuerda que eres un ser especial, que ese Ser Supremo te dio la vida, y agradece los dones que te dio, pídele que te los revele poco a poco, y cuando haces eso... ¡sientes felicidad!

Meditando con tu voz interior

Nuestra vida se nos complica tanto que no sabemos por dónde empezar a ir hacia adentro y encontrar esa voz interior. Pero hay que hacerlo, pues para arreglar tu vida exterior, tienes que arreglar la interior.

Es bueno para comenzar escuchar discos compactos sobre temas espirituales. Pueden ser de música; algo que me ha ayudado mucho a mí es el sonido de los tibetan bowls, que es el sonido que se produce cuando se frotan recipientes de metal; los que practican el budismo utilizan mucho esto para la meditación o para quitar el estrés.

La meditación es una forma de relajación y un camino a la iluminación. Si logramos disolver nuestro apego al mundo exterior y dejamos que nuestra mente descanse, la positividad, el bienestar y la iluminación, más conocida como la felicidad interior, surgirán. Estaremos en armonía con nosotros mismos y nuestras vidas irán mejor.

En la sección anterior te di unos pequeños pasos para lograr meditar.

Es cierto que no todos somos iguales; hay a quienes les gusta escuchar un disco compacto que con una música suave les lleve hacia adentro. Otros más pragmáticos necesitan un lugar, un colchoncito en el piso, poca luz, etc.

Lo importante es cruzar la frontera de lo material a lo espiritual.

Mirando el ego

Es necesario reconocer que el ego es lo que nos mantiene en lo negativo y, además, aislados.

Ese ego quiere que nos definamos de la siguiente manera:

- Yo soy lo que tengo. Mis posesiones me definen.
- Yo soy lo que hago. Mis logros me definen.
- Yo soy lo que los demás piensan de mí. Mi reputación me define.

- Yo estoy separado del resto. Mi cuerpo me define como totalmente solo.
- Yo estoy separado de todo lo que me falta en mi vida. Mi espacio está desconectado de mis deseos.
- Yo estoy separado de Dios. Mi vida depende de lo que Dios piensa y valora en mí.

¿Esos puntos son verdad? ¿Por qué? ¿Quién lo determinó?

Dios es nuestro Padre Espiritual, y ama a sus hijos, así que guíate por el mensaje de amor y no por el de odio.

¿Qué se necesita para poder romper ese ciclo negativo?

Se necesita:

- Disciplina para desconectar del ego, por medio de la meditación, el ejercicio, los hábitos no tóxicos, la comida saludable, etc.
- Sabiduría combinada con disciplina nos ayuda a enfocar y ser pacientes con el cambio que queremos lograr, armonizando nuestros sentimientos, pensamientos e intelecto con nuestro cuerpo.
- Amar lo que haces, y hacer lo que amas.
- Entregarse al proceso.

Receta espiritual para el crecimiento del cambio hacia el interior

Pasos activos:

1. Aceptación:
   - Aceptarnos tal como somos, tal como nos vemos.
   - Perdonarnos y perdonar a los demás, de manera que nos liberemos del ayer.

2. Abandonar el pasado.

3. Visualizar nuestra sanación y cómo nos vigorizamos.

4. Crear nuevos reflejos positivos.

5. Crear y afirmar una nueva imagen y abrazarla.
    - Disciplinarnos con autoestima.

Pasos pasivos:

1. Meditación:
    - Reduce el estrés.
    - Calma y aclara la mente, lo que nos lleva a lo siguiente.

2. Conocimiento y revelación:
    - Empezamos a ver qué es lo que tenemos con Dios.
    - Empezamos a ver quiénes somos realmente.
    - Empezamos a escuchar con claridad.
    - Comenzamos a escuchar la voluntad de Dios.
    - Comenzamos a encontrar paz en nuestro santuario interno.

Llegará el momento cuando en el proceso de una meditación preguntarás cuál sería el mejor camino, y lo preguntarás con fe, y lentamente, pero con seguridad la respuesta te llegará.

La voz interior es la voz de tu propia verdad y sabiduría. Es tu sentimiento de rectitud. Al combinar tu inteligencia, sabiduría y sentimientos, encontrarás el camino hacia ti misma.

Repito, no todos somos iguales, sigue la práctica de meditación que vaya más con tu espíritu.

Tienes que analizar qué es lo que buscas en la meditación: una curación o la iluminación. Visita lugares de meditación, hay muchos en iglesias, santuarios, salones; aprende a meditar, búscate un buen maestro, y encuentra tu propia práctica para meditar.

Siempre tenemos que estar en contacto con nuestro cuerpo y nuestro espíritu o alma. Sigue lo que necesitan, y dáselos. Sigue la verdad, la paz, el amor, la autodisciplina y la felicidad, así encontrarás tu camino hacia la luz. El camino a esa mujer verdadera... mujer con integridad, segura de sí misma, pero con una fuente de compasión dentro de ella para los demás.

Como leemos en *Aplícate el cuento* de Jaume Soler y Mercè Conangla: «Jamás darás manzanas, tú no eres un manzano, ni florecerás en primavera, tú no eres un rosal. Eres un roble, tu destino es crecer grande y majestuoso, albergar a las aves, dar sombra a los viajeros, belleza al paisaje».[1] Y esto fue cuando el roble escuchó y abrió su corazón. Así es como uno aprende a ser uno mismo.

Y yo añadiría que aprendió a amarse a sí mismo, a aceptarse como un roble.

Todas las respuestas que buscas las tienes encerradas en ti.

Este camino que te estoy indicando, no lo tomes apurado, siéntate, descansa un momento, y escucha tu voz interior. Esta es la voz que te busca y guía.

No importa en qué etapa de la vida estés, no te apresures, trae pureza a tus sentimientos, y eso te dará la libertad de ser realmente la persona que quieres ser.

La voz interior es la voz intuitiva de tu ser superior, que es la fuente de sabiduría y verdad.

Si no eres feliz es que tu filosofía ha abrazado una distorsión de la verdad. Abriéndote a la verdad vas a sentir una paz interior, y buscarás tu propia ruta, sin miedos, sin apegos. Mediante el silencio la encontrarás.

Por medio de la meditación, verás cómo tu intuición se agudiza.

Mientras más usemos la intuición, esta nos ayudará a tomar decisiones sabias.

Carl Jung define la intuición como: «La función que explora lo desconocido, ve las posibilidades y las implicaciones que no pueden ser aparentes a simple vista».[2]

Tu intuición se puede comunicar contigo de diferentes maneras, a través de tus pensamientos, tus sueños, imágenes, y por medio de tu cuerpo, como mencionamos en un capítulo anterior. Si te sientes tensa, no es el momento adecuado para ti. Si te sientes tranquila, sí lo es.

Cuando escuches y actúes sobre la base de tu intuición, te encontrarás a ti misma moviéndote fácilmente hacia la realización de tus sueños y la vida extraordinaria que deseas.

Tenemos que mantenernos alertas a nuestra voz interior y tener una comunión dinámica y continua con la misma. Eso nos hará cultivar y aumentar nuestro crecimiento espiritual, para lograr la misión que se nos ha dado en esta vida.

CAPÍTULO 9

Historias de mujeres con pantalones y diosas que las representan

Sabemos que en un mundo donde todavía la mujer lucha por sus derechos, el hecho de decir que tiene pantalones puestos pudiera atrasarla en todo lo que ha logrado, ya que asumir que su fortaleza viene solamente por unos pantalones suena absurdo. Es la referencia de que su fortaleza tiene que venir de esa misma fortaleza que la sociedad ve en el hombre, lo cual es insultante. Pero no tiene que ver nada con esto. Es solamente una referencia a lo que ya muchas sabemos... Vivimos en un mundo donde constantemente estamos compitiendo por nuestro lugar. El pantalón es solo un símbolo, pues entonces ¿qué diríamos de esas culturas en donde los hombres suelen usar sayas en vez de pantalón? Todo esto es naturalmente un ejemplo que nos ayuda a entender que como mujeres no tenemos que conformarnos. Que hay opciones y podemos obtener cualquier sueño y deseo con nuestro esfuerzo. Que hoy en día esa fuerza que nada más veíamos en los hombres, también la poseemos nosotras, y con certeza, nuestra fortaleza y la compasión que les brindamos a nuestros seres queridos y al mundo entero provienen de todo lo que enfrentamos.

La mujer con pantalones no llega a todo su potencial por casualidad. Como todo lo bueno en la vida, es una colaboración de muchos ingredientes. Primero, existe la influencia de otras mujeres y sus ejemplos. Esas mujeres que trazaron el camino para ayudar a las que las seguían. Después, pudiéramos hablar de esas personas que pasan por nuestras vidas como maestros dispuestos a dar sus lecciones a aquellos estudiantes preparados para recibirlas. Pero son las experiencias personales las que transforman, dictando el destino. Las siguientes historias hablan de mujeres y las diosas que representan. El lazo de la mujer y su fuente de fortaleza. Cada una, con una historia diferente, se caracteriza por la perseverancia de su lucha y la búsqueda de una luz interna; ellas se enfrentan a la realidad de sus vidas, motivadas por aquello que las lleva a crecer. En las historias de estas mujeres, sin dudas vemos el valor que las lleva al éxito y revela su verdad. Siempre he dicho que las mujeres, en un mundo mayormente dominado por hombres, empiezan a cambiarlo sin perder su esencia femenina. El respeto viene por una transparencia de espíritu y ahí está la verdad. ¡Ahí está una mujer con pantalones!

Conchita

Durante toda su vida, Conchita supo lo que era sacrificarse. Sus padres llegaron a Cuba cuando los dos tenían cuarenta años. Pisaron una tierra extranjera con un acento muy pronunciado. Dejaron atrás a España, acompañados de cuatro hijos, que después se convertirían en ocho, la más pequeña de todos era Conchita, una de los cuatro hijos bendecidos, y maldecidos a la vez, por nacer en esa bella isla. Siendo una adulta, Conchita recordaba el pasado con nostalgia.

En un baño del aeropuerto, en Ciudad de México, abría el pequeño pote de polvo tratando de mejorar el brillo de sus mejillas. Por el temblor de sus manos no pudo sostenerlo bien y este cayó al suelo estrellando el espejito en mil pedazos. Ahora no había que lamentarse por aquello que estaba roto, sino más bien buscarle solución a sus mejillas. Fue entonces que decidió sacar un pequeño pedazo de papel y restregárselo con delicadeza. *¡Problema resuelto!*, pensó. Ella siempre trataba de mirar las situaciones difíciles en color de rosa, y con esta actitud había definido y formado su vida.

Después de casi catorce años, Conchita estaría frente a su esposo. Había estado separada de él por un mar y un régimen que no solo la exilió de su país, sino que también le negó a ella y a su única hija la felicidad de tener una familia unida. Conchita se acordaba de cada llamada corta a su esposo, y de las cartas llenas de pasión y promesas, las cuales la acompañaban, puesto que las llevaba dentro del bolso negro que cargaba sobre el hombro.

De pronto, escuchó una voz que avisaba que el vuelo de La Habana, Cuba, estaría llegando en diez minutos. Mientras se mordía las uñas, miraba a todo el que la rodeaba, con gran miedo de que alguien pudiera leer sus pensamientos.

Horacio y ella prácticamente eran unos niños cuando fueron forzados a separarse por el bien de su familia. Se acordaba de cómo Horacio se despidió diciéndole que pasarían solo unos meses antes de que ellos se volvieran a ver. En un cerrar y abrir de ojos, esos meses se convirtieron en catorce años. Ya su hija Aurora tenía dieciséis años, y había pasado su niñez hablando de su padre, su príncipe azul, que solamente en sus sueños la acompañaba: él se vestía de capa y espada para protegerla y estar a su lado. Fue después, en la adolescencia ya acoplada al sistema americano, que Aurora se sintió abandonada por un hombre que nunca la quiso dejar ir.

Poco a poco salían los pasajeros del avión. *¡Ay!, ¿dónde está Horacio?*, pensaba Conchita... *He cambiado tanto... ¿Me reconocerá? ¿Y yo* *a él?* Las preguntas volaban dentro de su mente sin detenerse por una respuesta. ¡Ella había pasado tanto en esos años! Se había hecho directora de un laboratorio de mucho prestigio en California. Todo esto con muchas noches de estudio y falta de sueño, logrando cada paso con la familia de Horacio, que había salido de Cuba y después residió en California. Su suegra y cuñado la habían ayudado mucho durante esos años, y a pesar del fuerte carácter negativo de su suegra, ella se sentía infinitamente agradecida.

Conchita tenía a todos sus hermanos y hermanas en Miami, pero cuando llegó de Cuba pronto se dio cuenta de que para salir adelante tenía que desprenderse de una familia que la quería controlar en vez de ayudar. El chiste entre ellos era que hay ayudas que matan, y antes de que la mataran con su ayuda, la más pequeña concluyó que todo es más rico de vacaciones... y así fue que Aurora se crio visitando a menudo a sus primos en Miami, y eso quitó un poco el dolor de ser hija única y tener a su padre tan lejos, pues había tíos que llenaban el vacío.

Conchita quiso ver su rostro y mejorarlo en segundos antes de que llegara Horacio, pero se acordó de que había quebrado el espejito dentro del pote de polvo... Ya ella no tenía la misma cinturita, y sus ojos azules se veían cansados de tanto trajín. De pronto, una sonrisa y un grito se escuchó entre la gente: «¡Conchi!». Era Horacio. Ya con canas y arrugas, pero con la misma voz y sonrisa... una sonrisa llena de calor por ese ser que había luchado contra viento y marea, contra todo el que dudaba de que algún día ellos estuvieran juntos otra vez. Con los ojos llenos de lágrimas se abrazaron y pasaron varios minutos antes de que se desprendieran el uno del otro. Muchas cosas sucedieron después de ese encuentro. Fueron meses y años de reconstrucción de una familia nueva. Ya la familia que Conchita ansiaba no existía. Los años de separación, la revolución, una nueva cultura, y una época de cambios trataron de dividir a Conchita y Horacio.

Su perseverancia, fe en Dios, y un amor que ardía en su corazón sobrepasaron cada obstáculo y la llevaron a encontrar esa fortaleza interna que la respaldó cuando se sentía sola y angustiada. Esa constancia y memoria de un lazo matrimonial la ayudó a conocer su verdadera esencia. Después de mucho sacrificio se regocijaba al verse rodeada de sus nietos, hijos de Aurora y su esposo, y su hijo Horacito, ya un hombre, que nació de aquel encuentro en Ciudad de México, cuando se les permitió volver a amarse después de tanto tiempo.

Conchita y Hera

Hera es una musa conocida en la mitología griega como la esposa de Zeus. Los que han estudiado sobre ella conocen bien que su función principal es la de mujer y esposa. Se destaca por sus atributos como mujer antes de cualquier otra cosa. Estos atributos son los que la ayudan con su esposo, y a poder conquistar todo lo que se le presente en el camino. No es que Hera se defina por Zeus, pero más bien Zeus se acopla y se siente satisfecho de tener al lado a una mujer fuerte, dispuesta a apoyarlo, y es ahí cuando Zeus se rinde a sus pies.

Pudiéramos ver un poco de Hera en Conchita. Esta musa de una época moderna nos inspira con la dedicación a su matrimonio y esposo. La dedicación a un hombre que nunca olvidó. El amor de Conchita perdura y crece con cada batalla que gana... Y en el camino para volverse a encontrar con Horacio se reinventa, constantemente conectándose con su ahora, y sus ojos fijos en el futuro. Poco a poco va embolsando su pasado, para no perderlo, pero igual con cuidado de no atarse a él. La vida de Conchita fue marcada por su pasado, pero la dirección que tomó fue completamente decisión de ella. Pudo haber tomado otro camino después de tantos años de separación, y nadie la hubiera culpado, pero en su ser...

en esa mujer fuerte, con convicción y un sueño, Horacio tenía que ser parte de su historia, su Zeus.

Lola

El papá pingüino es el que mantiene caliente y protege los huevos donde se encuentran sus bebés por nacer. Este protector es el que está a cargo de que sus hijos lleguen al mundo bien y después tengan lo necesario para comer. El papá zorro es otro que se pasa la vida enseñando y cuidando a sus hijos mientras la madre pasea por el bosque.

Buenos padres existen en todas partes, pero padre como el de Lola... ¡difícil de encontrar! Desde muy pequeña, Lola sabía que ella era especial, pues así le decía constantemente su papá. Y todos sabemos que cuando somos chicos lo que nos cuentan nuestros padres es la ley de nuestra razón y existencia. Las memorias de un padre amoroso, un poco estricto, de principios y dedicado a su familia siempre acompañaron a Lola en su jornada por la vida. De pequeña, hubo momentos en los que su padre la recogía en la escuela y se la llevaba a tomar un helado y al parque, a darle de comer a los pajaritos, y en estas excursiones siempre le relataba algunos cuentos en los que le hablaba mucho sobre su niñez.

Lola tenía una afinidad única con su padre y, a pesar de tener que compartirlo con sus hermanos, ella siempre encontraba momentos exclusivos para pasar con su papi. En el transcurrir de los años, el padre de Lola siempre se mantuvo a su lado, pero en su adolescencia los amigos de la jovencita dominaban su tiempo. No faltaron momentos de rebeldía con un padre que interfería de vez en cuando si iba a salir con algún pretendiente al cual él no aprobaba, pues no lo consideraba digno de salir con su hija... Y como toda adolescente fue distanciándose del hombre que tanto quería. Sin embargo, él la quería más todos los días, la velaba, y todo el tiempo esperaba la madurez de su hija con gran paciencia. Lo seguro de la vida es que todo cambia, y así fue con Lola. No solo maduró, sino que pasó por calamidades en el transcurso.

Divorciada y con hijos, ahora necesitaba a su madre y padre más que nunca, y entonces tuvo el apoyo incondicional de los dos. Le sería difícil salir adelante pero lo haría, asegurada por su padre que tenía todo lo necesario para hacerlo. «Lola, eres bella e inteligente... de veras especial... tú puedes llegar a donde quieras, créeme». Esta frase se la repetía a menudo por si se le había olvidado o por si alguna duda llegaba a interrumpir esas palabras que trataba de implementar y grabar en la mente de su hija.

Lola llegó a estudiar y ejercer una carrera que le fascinaba, y cuando pensaba que todo iba de maravilla, su padre recibió una grave noticia sobre su salud. El padre se tenía que enfrentar a una batalla contra el cáncer, que después le robaría su vida. Desde ese instante, Lola buscó los mejores doctores del país. Con la ayuda de sus hermanos se ocupó de la alimentación de su padre. Lo acompañaba a todas las citas médicas, le aguantaba la mano cuando su debilidad era tanta que sufría momentos de desmayo al sacarle la sangre, y se sentaba con él cuando no había palabras que alentaran la situación. No hubo nada que Lola no hiciera para salvar a su padre. No hubo rezos, ni medicinas, ni doctores que pararan la horrible enfermedad que lentamente consumió al hombre que Lola más quería.

En sus últimos minutos, lo único que le pedía era que le pasara la mano por la cabeza. Se miraron a los ojos por unos segundos, y Lola tuvo que evadir la mirada... pues ella le guardaba un secreto y jamás se lo diría. Se lo había guardado durante su enfermedad y lo mantenía dentro de ella como en un baúl sin fin trancado con candado. Solo su hermana conocía de este secreto que juró nunca divulgar a alguien. Nadie más lo sabía, pues esto aseguraba que su padre muriera sin enterarse. Lola estaba consciente de que no podía salvar a su padre, pero sí podía liberar su alma manteniéndolo al margen del sufrimiento que ella había experimentado el año anterior.

A la par de la preocupación que tenía por su padre, Lola había pasado por un proceso legal muy fuerte. Un hombre que ella conocía había abusado de su confianza y amistad. Una noche, sin lógica o razón, la había drogado, disolviendo una píldora en su trago cuando ella decidió ir al baño pensando que su bebida estaba en buenas manos. Esto paralizó su cuerpo pero no su mente... y en un instante Lola fue violada. Ella pasó mucho tiempo en terapia, y guardó este secreto de sus hijos, hermanos, amistades, madre, y sobre todo de su querido padre. Pensó siempre que contárselo hubiera sido el dolor más grande que le pudiera causar, y él ya había sufrido demasiado.

Fueron muchos los momentos en que Lola tuvo que reemplazar las lágrimas por una sonrisa mientras guardaba su secreto. Un sacrificio pequeño en comparación con los tantos sacrificios que su padre había hecho por ella durante su vida. Su mejor amigo moriría sin la última pieza del rompecabezas. Al final, en ese cuarto de hospital donde estaba el padre de Lola se escuchaba una música clásica. Sus hijos le tenían al oído sus sinfonías favoritas. Era esa música que tanto escuchó Lola en su niñez. Se sentía como si los violines de esas melodías lamentaran la separación de un ser maravilloso y significativo. En esos últimos minutos, el padre de Lola estuvo acompañado por su esposa, sus hijos, hermanas y sobrinos. Respiró una última vez mientras Lola, a su lado derecho, le pasaba la mano por el cabello.

Saliendo del hospital, una enfermera se dirigió a Lola y le dijo: «He visto a muchos pacientes, y muchos mueren solos, tú y tus hermanos nunca se separaron de él... ese señor tuvo la dicha de tener muy buenos hijos». Lola sonrió y le contestó: «Lo que vio fue un pequeño detalle de parte de nosotros en comparación con lo que él le dio a su familia... hicimos solamente lo merecido. Si somos buenos hijos es simplemente porque él fue un gran padre, y para mí en particular fue mi mejor amigo».

Lola y Alchelois

Alchelois es el nombre de una de las siete musas que cuentan haber nacido de Pierius. Alchelois veneraba la luna, algo muy común en las musas, pero lo extraordinario era el poder y la conexión que sentía con este precioso «bombillo» en los cielos. Es conocida por ser alentadora del dolor. El significado de su nombre es: quitar todo dolor.

Creo que Lola en una vida pasada pudo ser conocida como Alchelois. Todos vivimos algún tipo de dolor en nuestras vidas. El nacer, igual que el morir, trae dolor. Vivir una vida sin experimentar dolor es difícil, y más bien imposible. Pero sí podemos decidir lo que dejamos que nos hiera... y en algunos casos, como el de Lola, cómo no herir a los demás. A pesar de todo lo que había pasado, ella se enfocó en sus momentos con su padre, y esto fue lo que la ayudó a olvidarse del dolor que llevaba escondido y guardado.

Muchas veces, nuestro enfoque puede hacer la diferencia en cualquier situación que tengamos en la vida, y esto determina el resultado. Una experiencia que quizás sería su derrota, si ese fuera su único enfoque, fue tapada por la sombra de un problema mayor y primordial. Lola llegó a conocerse por el amor de su padre, y a conocer su fortaleza por las raíces que la habían echado al mundo. Lo dio todo, sacrificando sus sentimientos, por el amor que le tenía a un hombre que no supo lo que era ser egoísta. Siempre he dicho en mis libros lo importante que es para los niños tener un padre que los sepa querer y aceptar. Cuando esto pasa, los niños se crían con gran seguridad, y ven el mundo de una forma muy positiva. Un padre queriendo y admirando a su hija la ayuda a desarrollarse en un mundo donde no hay límites y todo es alcanzable. El padre de Lola le regaló lo más grande que puede regalar un padre a su hijo: un amor incondicional y verdadero. Le regaló un mundo lleno de posibilidades por escavar y conquistar.

Ale

Alejandra Toscano, conocida por su familia y amigos como Ale, se sentaba en la consulta del grupo psiquiátrico del hospital de Buenos Aires, en Argentina, mirando el reloj que se hallaba en la pared frente a ella. El mismo reloj que marcaba las horas... las tantas horas que había pasado en esa consulta junto a su hijo de nueve años. El doctor que había tratado a su único hijo por años le acababa de dar la noticia de que no tenía tratamiento o remedio para ayudarlo. La única solución sería ingresarlo en un hospital indefinitivamente.

Con la mirada fija en el reloj, Ale hizo la pregunta: «¿Aquí o en cualquier parte del mundo?». El doctor le contestó: «¿Cómo? No entiendo?». Entonces Ale le aclaró la pregunta: «Remedio... ¿no lo hay aquí, o en ninguna parte del mundo?». A lo cual el doctor, pensativo, le responde: «Bueno, yo solo sé lo que podemos hacer por él en Buenos Aires». Esta respuesta fue la gasolina necesaria para ayudarla a enfrentarse a una aventura nueva. En ocho días, con dos pasajes en mano y sin conocer a nadie, aterrizó en Estados Unidos, con miedo, poco dinero, pero sobre todo con nuevas esperanzas.

Esta fue la primera decisión de muchas para Ale... A pesar de extrañar a su familia y su país natal, el salto a este país desconocido sería la decisión más sensata de su vida. El amor por su hijo la motivaba todos los días. Empezó a trabajar como diseñadora en una pequeña compañía donde fue contratada, sin papeles, consultando sus servicios a medio tiempo. Ahí conoció al hombre que llegó a legalizar su estatus y el de su hijo, casándose con ella.

Ale era bella, no solo por dentro, sino también en su exterior. Siempre se mantuvo leal a su nueva pareja. Lo respetaba, aunque el enlace fuera por pura conveniencia. La relación se basaba en una mutua admiración, y ayudó a que Ale tuviera los recursos y las oportunidades necesarios para empezar la búsqueda de los tratamientos que alentarían y sacarían a su hijo adelante. Cada vez que Ale caía en depresión en el transcurso de su jornada, reflexionaba en el reloj de aquella consulta. El mismo que la acompañó en cada momento duro, y que seguiría marcando las horas de su vida. Entonces fue que Ale se dio cuenta de que no importaba el tiempo, sino más bien lo que hacemos con él.

En los años siguientes, Ale tuvo la oportunidad de contar con su propio programa de diseño en la radio; diseñar para grandes personas, las cuales la llevaban a sus residencias por todo el hemisferio; y hasta pudo escribir para una revista americana, y fue la primera latina que habló en ella sobre el diseño interior. Ya no era esa niña asustada y sola. Ahora era una empresaria, y su vida estaba llena de amigos que la rodeaban. Fueron muchas sus metas, pero la más grande fue ver a su hijo sano y graduado de la universidad. El día de la graduación de su hijo es lo único que cuenta con lágrimas en sus ojos. Pudo lograr muchos sueños, nunca menospreciando las oportunidades que le brindaba la vida y, posiblemente, siempre contando las horas del reloj.

Ale y Rhea

Ale llegó a conocerse por el amor innato que le tenía a su hijo. Como todas las madres, el sueño de ella fue siempre ver a su hijo convertido en un hombre independiente y productivo. No dejó que unos individuos dictaran el mundo de su hijo, en vez de eso buscó opciones para crear el mundo que su hijo necesitaba. La musa Rhea, casada con Kronus, también reconoció la necesidad de crear un mundo para su hijo. El hijo de Rhea era nada menos que Zeus. Zeus no hubiese nacido si no hubiera sido por el amor de su madre. El amor que la ayudó a llevarlo a una isla y dar a luz sin que Kronus se enterara, pues este ya había desaparecido a varios hijos que había engendrado Rhea, y no dejaría que Zeus naciera. De manera similar, Ale tuvo que huir a otra parte del mundo para salvar a lo que más ella quería. En nuestros tiempos de dificultad es que dictamos quiénes somos. Suele pasar que en esos momentos nuestros instintos y fuerzas están más a flor de piel. Ale, igual que Rhea, prueban ser las mamás gallinas que valoran la vida por la vida que llevaron dentro.

Miriam

Despedía a su país recién cumpliendo los diecisiete años. Miriam dejaba en su colegio amistades con las cuales se había criado, su casa, el parque donde recibió su primer beso, y unos abuelos a quienes no se imaginaba que nunca más volvería a ver. Llena de sueños y abrigada por la seguridad que le brindaban sus padres, se acopló a una vida nueva en Nueva Jersey. Ahí Miriam fue formando raíces y se reencontró con amistades de su niñez que también habían tomado el mismo rumbo que ella.

El haber abandonado todo, ayudó a que los padres de Miriam valoraran la importancia de una buena educación. Lo habían perdido todo, pero una buena educación sería lo que nadie podría robarles y la herramienta que los ayudaría a enfrentarse a un mundo nuevo y lleno de oportunidades. Miriam escuchaba a diario la insistencia de sus padres porque terminara sus estudios. Para ella no había otra opción, y fue el orgullo de sus padres verla graduada de la universidad. Poco después, con el diploma en contabilidad ya en mano, conoció a Fernando. Ella era una mujer llena de vida y con un futuro que se alumbraba por todos los esfuerzos que habían empeñado sus padres. Fernando había dejado a su familia en su país a la misma edad que Miriam, y nunca tuvo el apoyo de una familia. Aprendió a una temprana edad a valerse por sí mismo. No pudo ir a la universidad, pero sí vivía sin muchas preocupaciones con el sueldo semanal que hacía de mecánico de autos en el garaje de un amigo. Ella admiraba cómo él se había formado solito, sin ayuda de nadie. Al principio, el carácter fuerte de Fernando era algo que la atraía, confundiendo esto con fortaleza interna y protección.

A la madre de Miriam no le agradaba un pelo el nuevo novio que tenía su hija. Cuando hablaba con ella le decía: «Mi hija, no le veo futuro a tu relación, pues creo que él no te hará feliz». El padre de Miriam era todo lo contrario; él y Fernando eran amigotes. Se pasaban horas hablando de los deportes y hasta trasteando con un auto viejo que el padre de Miriam tenía guardado en su garaje por mucho tiempo. El amor entre Miriam y Fernando fue creciendo y poco después, a pesar de las súplicas de su madre, Miriam y Fernando se casaron. Fue una boda preciosa, y hasta asistieron esas amistades que habían vuelto a entrar en su vida, cuando llegaron a Nueva Jersey. De parte de Fernando fueron algunos amigos del garaje, pero mayormente la gente que estaba era de parte de Miriam.

Todo parecía un cuento de hadas. Miriam había conocido a su príncipe azul o así pensaba ella. Cuando Miriam quedó embarazada, Fernando llegaba cada vez más tarde a su casa y muchas veces Miriam se desvelaba y encontraba sin tocar la comida que le había preparado a su esposo. Las otras veces la encontraba tirada a la basura cuando el príncipe llegaba más que tomado a su castillo.

Después de tener a su hija, Miriam quiso volver a trabajar, y Fernando se opuso completamente a esta sugerencia explicándole que la hija necesitaba de su madre, y ella la criaría. Miriam estaba feliz con su papel de madre y no le importó. Todo fue cambiando en su vida. Ya no había amigas con las cuales conversar, pues

Fernando poco a poco la fue separando de ellas. Su mamá pasaba por su casa los sábados y domingos por el día cuando Fernando trabajaba. Como era la madre, no resistía ver cómo su hija se dejaba tratar como un trapito de cocina por su esposo, y para evitar conflictos decidió verla esos dos días de la semana en los que ella exclusivamente compartía con su hija. En aquellos momentos la madre de Miriam nunca dejó de afirmar a su hija lo excepcional que era y asegurarle como la quería. Miriam llenaba sus vacíos con su hija y trataba de mantener esa sonrisa maravillosa que alegraba a todo el que la veía, pero igual ya se notaba una Miriam más cansada y apagada.

Pasó el tiempo, ya su hija tenía diez años, y ella tenía un trabajo en un banco donde Fernando había acordado que trabajara tres días a la semana. Se estaba preparando y guardaba su dinero para el día en que tuviera la valentía de dejarlo. El abuso verbal, el dominio sobre su vida, y la separación de todos los que ella quería la llevaron a que tomara una decisión drástica ese invierno. Se mudó sola y le puso el divorcio a Fernando. Se sentía libre, con ganas de volar. Al fin no estaba enjaulada. Con la ayuda de su madre, que le cuidaba a su hija mientras ella trabajaba, pudo hacer su carrera en el banco hasta llegar a un puesto directivo de mercadeo y comercio a nivel nacional.

Cuando la hija creció e hizo su vida, Miriam viajaba con sus amigas a todas partes del mundo planeando vacaciones extraordinarias, y hasta tuvo su pequeño romance en algunas de ellas. Miriam volvió a disfrutar su vida. Después de fallecer su padre pudo tener una conversación muy intensa con su madre en la cual descubrió que esta solo quería la felicidad y libertad para su hija, que ella nunca tuvo. *Quizás por eso mi padre y Fernando se llevaban tan bien*, pensó Miriam.

Y ahora, ya hecha una empresaria, en una cena de negocios un director del banco le preguntaba: «Mira, Miriam, has logrado tanto... cuéntame ¿cuál ha sido tu logro más significativo?». Y fue entonces que ella, con esa sonrisa maravillosa, le contestó: «¡Mi divorcio!». Después de una pausa en la que se podía escuchar caer un alfiler hubo varias carcajadas, y ella misma se reía de que hubiera sido su divorcio lo que la llevara a realmente conocerse y vivir a plenitud. Siempre se aprende algo de nuestras experiencias, pero raras son las veces en que podemos tomar una crisis como el divorcio y maximizar las enseñanzas. Miriam aprendió a vivir cuando se dio cuenta de que tenía que librarse de una situación externa que la oprimía internamente. Fue en ese preciso instante que llegó a volar y alcanzar cualquier cosa que se propusiera.

Miriam y Perséfone

En la mitología griega, la diosa Perséfone fue raptada por Hades, quien quedó enamorado por su mirada y la llevó a vivir con él al inframundo, haciéndola su reina. Perséfone extrañaba el mundo terrenal, pero nunca se sintió derrotada. Ella sabía que algún día saldría de aquel lugar. La madre de Perséfone no podía con el dolor de perder a su hija. Hermes fue mandado por Zeus, el padre de Perséfone, para rescatarla y devolverla al mundo.

Miriam, igual que Perséfone, estuvo encarcelada en un mundo que la separaba de todos aquellos que la querían. Durante el tiempo que Miriam estuvo casada, nunca perdió la esperanza de que algún día todo cambiaría. Dedicó sus esfuerzos a su hija, y tan pronto su esposo bajó la guardia empezó su estrategia y plan de salida. Fue la actitud positiva y el amor de lejos de sus padres lo que ayudó a Miriam, igual que a Perséfone, a regresar a su familia. Nuestra esencia no puede ser simplificada a nuestra niñez y familia... pero no hay dudas de que esas experiencias influyen en nuestra esencia.

La vida de Miriam era una película en blanco y negro. La fuerza de ver más allá de una situación es lo que pudo sacarla adelante, y la perspectiva e ilusión de una vida por venir fue lo que la lanzó a explorar su vida como una película en color en vez de en blanco y negro.

Cristina

Cristina se acuerda de cómo su hermana Sara y ella jugaban en el patio de la casa. Se acuerda de cómo ella corría mientras su hermana mayor la miraba admirándola de lejos. Sara aplaudía con sus manitos torcidas y no podía hablar. Se expresaba gesticulando, y miraba bien de un ojo, pues el otro estaba medio tapado por la deformación tan grande de su cabeza. Cristina, con sus seis añitos, no notaba las diferencias entre ella y su hermana de diez años de edad... solo notaba la sonrisa que proyectaba su hermana cuando se miraban.

Pero la gente fuera de esas cuatro paredes donde ella y Sara habitaban era otra cosa, y con el tiempo Cristina se fue dando cuenta de las diferencias y de lo cruel que era ese mundo. Ella iba al colegio sin su hermana mientras que Sara la esperaba en casa. Sara esperaba todas las tardes a Cristina como un niño esperando sus regalos el día de Navidad, después se sentaba cerca de ella mientras Cristina hacía la tarea. Todo esto como un ángel de la guarda; nunca le quitaba la mirada de encima.

Cristina adoraba a su hermana y eran inseparables. Sara pasaba la mayoría del tiempo dentro de su casa con una enfermera que la cuidaba, y pocas veces salía con Cristina. La pobrecita Sara sufría de muchos problemas de salud, y las recomendaciones de sus doctores eran que saliera solo lo necesario. El día que Cristina cumplió diez años pidió salir a tomarse un helado con su hermana. Eso era lo único que quería, y ella sabía lo mucho que Sara disfrutaba los helados.

En esa aventura con su hermana, Cristina se sorprendió al ver cómo la gente que le pasaba por el lado miraba y apuntaba hacia su hermana. Cristina se sentía confundida, y de pronto sucedió lo peor que le podía haber pasado en su cumpleaños, y lo que la marcaría toda una vida. Mientras se tomaban un helado, en la mesa de al lado estaba Cynthia, una amiguita de Cristina. Las dos compartían dulces en la hora del almuerzo en el colegio y Cristina se maravillaba de cómo Cynthia siempre tenía la respuesta correcta durante la clase de matemáticas. Se pararon las dos para abrazarse y de pronto Cristina presentó a su hermana. Sara, sentada al lado de su madre, sonrió mientras el helado le corría por la cara hacia el cuello. La madre de Sara trataba de limpiarla mientras que esta se desesperaba en seguir saboreando la gran delicia. Fue en ese instante que Cristina se dio cuenta del mundo del cual Sara se mantenía alejada. Su amiga Cynthia se quedó mirándola y le preguntó a Cristina: «¿Qué le pasa a tu hermana, por qué luce así?». La madre de Cynthia la escuchó y enseguida la tomó de la mano despidiéndose de la madre de Cristina y Sara, y disculpándose. Cynthia se iba disgustada y preguntándole a su madre el porqué la hermana de Cristina era un monstruo. Cristina, segura de que Sara había escuchado el comentario, miró hacia su hermanita a ver lo entretenida que estaba con su helado. Después de ese incidente, Cristina nunca compartió sus dulces con Cynthia, y guardaba a su hermana para que el mundo no la juzgara tan fuerte.

Cuando fue creciendo, iba escogiendo a sus amistades, explicando bien la condición de su hermana, y se percataba de que sí había personas con buenos sentimientos que veían a Sara por su gran esencia. Ahora, con veinte años, se acordaba de su hermana y lo que su vida había significado para ella. Era el momento más difícil de su vida. Ahí, frente a Cristina, estaba Sara en una caja de madera, donde la bajaban poco a poco en un hueco en la tierra. Ya no habría nadie que la mirara diferente o la juzgara por su apariencia. En esos momentos era un ángel en el cielo, desde donde velaría a Cristina, cuidándola desde lejos.

Sara le había enseñado tanto a Cristina. Su vida había sido corta pero muy impactante. Sara nunca dejó de sonreír cuando se sentía mal. Nunca dejó de disfrutar su vida rutinaria y a la gente que la quería, y nunca se dio por enterada de todo aquel que hablaba horrores detrás de sus espaldas. Cristina se sentía agradecida por todo lo que su hermana le había enseñado, pero quería una señal para asegurarse de que su hermana estuviera bien. De pronto, la tía de Cristina sacó un pañuelo y le limpió unas lágrimas, entonces le dijo: «Ya mi amor, tranquila, todo estará bien, déjame limpiarte estas lágrimas que te caen hasta el cuello». Cristina se acordó de su madre aquel día limpiándole la cara a Sara y supo que su hermana estaba en el cielo seguramente probando sus sabores de helado favoritos.

Cristina y Atenea

Atenea era una diosa griega, hija de Zeus, que nació completamente armada. Esta diosa es admirada por su habilidad, búsqueda de la justicia y estrategia dentro de la batalla. Es conocida como una gran luchadora que no puede ser derrotada y por su gran sentido de protección.

Cristina se puede comparar con Atenea en muchos aspectos. Para Cristina el mundo se llenó de gran injusticia cuando empezó a juzgar a su hermana solo por su apariencia. Ella constantemente batallaba a diario contra las normas sociales que definían a su hermana. Estas normas limitaban a Sara a un estado físico que no describía completamente su esencia. Cristina, igual que Atenea, nunca se sintió derrotada por los comentarios que hacían de su hermana, sino más bien planeaba una estrategia para cuidarla y protegerla a toda costa. De la misma manera en que podemos ver la fuerza de

Cristina, la fuerza de Sara es evidente. Sara es la que a pesar de su condición fortalece a Cristina y la define como ser humano. Cristina desarrolla gran compasión y convicción por la hermana que le da la vida. Sara es la que protege a Cristina desde que son pequeñas, y así es merecedora de lo mismo… de un amor incondicional que ella muestra desde un principio. Sara ayuda a Cristina a formarse como un ser independiente con propósito en la vida. Todo esto lo hace sutilmente por su comportamiento y ejemplo. Este ejemplo de parte de Sara marca a Cristina y la llena de fuerzas. Al final de la vida de Sara vemos cómo Cristina comprende el significado de su hermana y se siente digna y bendecida de haber tenido la oportunidad de aprender de ella. Un regalo que muchos no tenemos la dicha de experimentar o tomar el tiempo de ver.

Camila

Sentada en el sillón de su casa, Camila admiraba a sus tres hijos con gran satisfacción. Mateo tenía siete años; Carolina era su pelirroja de cinco añitos; y Carlitos, el más pequeño, de tres años, nunca dejaba su lado. Los miraba con ternura, con ese amor que solo comprende una madre. Para Camila, la misión más grande de su vida era criar a sus tres hijos. Siendo una madre soltera no era fácil, pero Camila había escogido una carrera que le daba mucha flexibilidad y los recursos para cualquier necesidad que tuvieran sus pequeños tesoros. Ella escribía novelas, y trabajó por años para una revista europea. Cuando supo que iba a ser madre decidió escribir desde su casa y surgió la oportunidad de escribir novelas románticas. A pesar de que Camila no había tenido mucha suerte en el amor, su imaginación y los sueños de ese amor que añoraba ayudaban a llenar las páginas de sus libros. Aunque sus hijos eran lo que de verdad le daban las fuerzas necesarias para seguir luchando en la vida.

Camila fue hija única de unos padres maravillosos. Unos padres que se enfocaron solo en ella para poder darle lo máximo del tiempo que tenían. Ella estaba muy consciente de lo bendecida que había sido y de la niñez que había vivido. Sabía cómo sus padres habían creado un hogar lleno de amor y seguridad. Habían sido lo suficientemente estrictos como para que ella entendiera que tenía que mantenerse recta en su vida, y le permitían la libertad para desarrollar sus gustos y tomar sus propias decisiones.

Esa dicha la ayudó a diario cuando se enfrentaba a un sinfín de dudas que tenían que ver con sus hijos. Camila compartía muchas anécdotas de su niñez con los pequeños. Les contaba cuando su padre manejó durante una hora detrás de su autobús escolar, todo el tiempo fijándose en el lazo que ella llevaba en el pelo. Había sido el primer día que Camila tomaba un autobús, y esto inquietó mucho a su padre. Él se mantuvo detrás del autobús la hora entera de ruta hasta asegurarse de que Camila había llegado bien al colegio. Ella se vino a enterar de esto cuando tenía trece años; en una cena, su madre, en juego, le dijo a su padre: «¿Qué, la vas a seguir igual que hiciste con el autobús?», y ahí le hicieron el cuento. Camila no sufría problemas de autoestima. Ella siempre se sintió lo suficientemente capaz para lograr todo lo que se proponía y alcanzar todas sus metas.

Sus padres, los dos profesores de la universidad, la habían armado con toda herramienta para combatir cualquier obstáculo que tuviera en su camino. Le dieron recuerdos de vacaciones con sus primos en playas extraordinarias, igual que momentos muy felices de los que lo único que recordaba era reírse sin cesar. Para Camila su familia era la mejor. Incluso a la adolescencia, la etapa de rebeldía de la cual padecían sus amigos pareció pasarle por el lado. Ella se sentía afortunada, hasta un día en que todo en su vida cambió.

Ese fue el día más difícil de su vida. Se acordaba que con diecisiete años de edad buscaba unas fotos en un baúl que guardaba su madre con llave. En su persistencia de encontrar la foto buscó la llave y abrió el baúl cerrado con su secreto. Camila empezó a leer un papel azul que le reveló que ella había sido adoptada a los ocho meses de edad. Se acordó de haber pasado unos días muy difíciles después de haber confrontado a sus padres con esta nueva realidad. Se encontraba muy confundida. No estaba segura de si toda su vida había sido una mentira. Confiaba tanto en sus padres y estos le habían ocultado su propia esencia. Donde ella pensaba que había sangre en común, encontró mentiras y secretos guardados.

Pasaron dos años para que Camila pudiera comprender y perdonar a sus padres. Los que la habían adoptado y amado como si ella hubiese sido engendrada por ellos. Fueron muchas consultas de terapia en oficinas de psicólogos, y muchas conversaciones con llanto que sanaron sus heridas.

La verdad hubiese evitado todo ese dolor. Se acordaba de cómo su madre con lágrimas en los ojos le dijo: «Mi amor, no te llevé dentro, pero sí le pedí a Dios como madre que te mandara, y él respondió a mis oraciones con la hija que yo le pedí... ¡Fuiste escogida especialmente para mí! Nada ha cambiado, yo soy tu madre y seguiré siéndolo toda tu vida». Así fue, nada podía cambiar el lazo de amor que la había protegido y amado toda su vida. Acordándose de su pasado, abrazaba a sus hijos satisfecha de que ellos nunca se toparían con un secreto como el de ella. Sin dudas, desde pequeños sabían que fueron escogidos, y con esta verdad se sentían amados.

Camila y Deméter

Deméter fue una diosa griega que se convirtió en anciana para adquirir la compasión de la reina Metanira. Esta reina, viendo lo cariñosa que era la anciana y cómo se había comportado con su bebé, la llevó a vivir a su reino. Fue entonces que la diosa Deméter trató de darle la inmortalidad al bebé de la reina, en un ritual donde lo echaría al fuego. Deméter quería brindarle la inmortalidad al pequeño cuando fue interrumpida y descubierta por la reina, y de pronto se transformó en su forma física de diosa.

Camila y su madre pueden compararse con Deméter por las mentiras y los secretos que las rodeaban. Quizás por evitar un gran dolor y una conversación difícil, la madre de Camila termina hiriéndola más. Camila había sido adoptada a los ocho meses. Era una bebé cuando tomó los brazos de su madre adoptiva. Tal vez por eso mismo sus padres decidieron que no había necesidad de explicación, y así ellos controlaban la situación consolándose con la idea de que amaban a su hija. O quizás sencillamente no hubo un momento adecuado para la explicación, y los años fueron pasando. Las razones no importan. Cuando recibimos una desilusión siempre buscamos el razonamiento para algo que no podemos concebir. Lo cierto es que los secretos salen, y para evitar desilusiones y problemas lo mejor es decir la verdad. Aunque la verdad sea dolorosa y difícil de enfrentar le quitamos poder al secreto que nos mantiene encadenados cuando nos liberamos con la verdad.

Fue en la desilusión que Camila se enfrentó a su realidad, y de ahí nació su verdad. En la búsqueda de armar el rompecabezas es cuando descubre la pieza esencial, el perdón. Su fortaleza llega cuando perdona a sus padres entendiendo sus debilidades y limitaciones. Con esta enseñanza forma su camino, claramente implementando lo aprendido con sus propios hijos adoptivos. Es en el perdón que ella vuelve a nacer espiritualmente de aquella familia que la mantuvo bajo una sombrilla de amor y comprensión. Tratando de averiguar quién era y de dónde vino es que pudo llegar a la conclusión de que siempre fue parte de algo más allá de su propia esencia. Algo más grande que las leyes naturales del mundo. Era parte de un amor incondicional que nunca cambiaría; entonces encontró su verdad y se descubrió.

Viviana

Muchas mujeres en la adolescencia sueñan con su boda. Se imaginan las flores, los invitados, el vestido, la recepción; todo esto crea un momento ideal en su mente. Un momento que reviven frecuentemente con entusiasmo, mientras esperan el gran día.

Viviana llegó a vivir ese momento, pero no fue nada igual a como ella se lo había imaginado tantas veces. Se había casado muy joven con un muchacho que había conocido en su primer semestre en la universidad. Fue un flechazo de amor para los dos, y en unos meses estaban casados. El evento que había esperado toda su vida duró unas horas, mientras que el matrimonio lo soportó por siete años. Con el tiempo, Viviana se dio cuenta de que ella y su esposo pensaban muy diferente, y lo que empezó como un gran romance terminó con vacíos y mucha distancia. Ya no había miradas largas ni cenas juntos. Ella se había rendido a una vida sin amor completamente dedicada a su hijo. Félix tenía cuatro años y era el regalo más grande que salió de esa unión. Viviana adoraba a su hijo y aunque nunca quiso quitarle su padre, no podía mirarse al espejo sabiendo que su vida con su esposo era una mentira. Ella todavía era una mujer joven y se había apagado como una velita por años de conformidad. Ahora, con un divorcio por delante, volvería a encontrar su luz. Venía de una familia grande y muy tradicional donde el divorcio no existía. Pero igual prefirió enfrentarse a sus padres, que seguir viviendo un día más con su esposo. El tiempo lo sanaría todo, y ella sabía que al final de toda la tormenta sus padres estarían siempre a su lado.

Félix tenía siete años cuando ella decidió volver a la universidad. Siempre quiso ser enfermera y acabar sus estudios. Pero su exesposo nunca pensó que una mujer con hijos debería estudiar y trabajar. Ella lo complació hasta el día en que tuvo la sensatez de liberarse de esos pensamientos y su presencia. Disfrutaba mucho sus estudios y ahora no había quien le quitara la sonrisa de la cara.

Después de unos meses en la universidad, unos estudiantes quisieron formar un grupo que viajara al Perú como enfermeros voluntarios para asistir y ayudar en el hospital de Lima. Viviana quería aprovechar esta oportunidad y empezó todos los arreglos para las tres semanas que estuviera fuera. Dejó todas sus cuentas en orden y sus padres se harían cargo de Félix. Este sería un viaje muy especial para ella, pues a pesar de ser peruana nunca había visitado su país natal. Días antes del viaje, Viviana recibió una llamada de su tío Jorge, el hermano de su padre. Su tío Jorge vivía cerca de la casa de sus padres y tenía cuatro hijos. Tres de ellos habían llegado a formar sus vidas en Estados Unidos y uno se había quedado en Lima. Enterado de su viaje, el tío de Viviana le sugirió que se quedara con su primo hermano en la casa que tenían en Lima. Así la familia estaría más tranquila sabiendo que ella iba a estar protegida por su primo Enrique. Viviana no conocía a Enrique, pero pensó que era una idea genial para no solo ahorrarse dinero en un hotel, sino para poder conocer mejor a su país. Tendría un guía que la llevaría a todos los lugares que ella quería ver en Lima. Quién mejor que Enrique que había vivido en Lima toda su vida para hablarle de sus raíces familiares.

Enrique la recibió en el aeropuerto de Lima y se abrazaron como si se hubieran criado juntos. Viviana lo miraba asombrada de lo guapo que era su primo. Parecía una versión más joven de su tío Jorge y se sentía muy relajada hablando con él. Esos primeros días en Lima fueron de mucho trabajo para Viviana. Las horas que pasaba en el hospital eran largas, pero al final del día, cuando llegaba a casa de Enrique siempre se encontraba con un buen plato de comida típico de su país, y alguien con quien platicar. Pasaban las horas mientras los dos hablaban sin darse cuenta de lo tarde que era. Parecía que se habían conocido de toda una vida. El hospital le dio unos días a Viviana y fue entonces que visitó su país junto a su primo Enrique. Lo pasaron de maravilla, y después de tres semanas en Lima, Viviana volvió a su casa con la satisfacción de haber ayudado a muchas personas, el conocimiento de un país nuevo, y el amor que le tenía a Enrique, que lo llevaba guardado en su corazón. Se habían enamorado locamente.

En dos semanas Enrique lo había dejado todo en Perú y le explicó a su padre que fue la inspiración de su prima y cómo hablaba de Estados Unidos lo que le hizo dar el brinco. Naturalmente, estos primos vivían otra verdad escondidos de la familia. Tuvieron momentos de confusión y hasta de arrepentimiento, pero la intensidad del amor que sentían era mucho más grande que todo aquello que los rodeaba. Todo el sentido de culpabilidad era por la familia y por lo que le harían pasar a ellos. El dolor que les causaría a sus padres y la pelea que pudiera ocurrir entre el padre de Viviana y su tío Jorge pensando que Enrique hubiese sido capaz de aprovecharse de ella. Todo parecía oscuro excepto en esos momentos en que lo único que importaba eran los besos y abrazos que se daban. Viviana y Enrique vivían un infierno por la familia y la sociedad que los juzgaría al enterarse de su amor.

Lo bueno es que el amor, cuando es verdadero, nos da las fuerzas que necesitamos para poder lidiar con cualquier obstáculo. Viviana no solo tuvo las fuerzas para hablar con su familia, sino también para llenar a Enrique con la fortaleza que él necesitó para seguir dentro de su relación. Al principio hubo muchas caras largas y mucha desilusión de parte de la familia, pero la constancia de lo que sentían el uno por el otro fue lo que ayudó a cambiar la opinión de su familia. Además en siglos atrás ¿no eran los primos los que se casaban para proteger el linaje de sangre en la familia? Obviamente, ya los tiempos habían pasado y el presente era muy diferente. Pero el concepto era igual, y lo que uno siente por alguien que ama sobrepasa toda regla y toda época.

Tuvieron que luchar mucho y al fin Viviana y Enrique tendrían lo que tanto deseaban. En un día de primavera Viviana se casó con Enrique en el jardín de la casa de sus padres, rodeada de familiares. Este día fue mejor de lo que se había imaginado tantas veces.

Viviana y Pandora

Pandora es la diosa conocida en la mitología griega como la que abrió la cajita misteriosa dejando escapar el mal al mundo entero. A pesar de abrir la caja, por la curiosidad que no pudo controlar, la diosa Pandora conservó dentro algo que ayudaría cuando se estuviera pasando la dificultad. Lo que conservó fue la esperanza. Cualquiera que necesitara esta esperanza solo tenía que hacer su búsqueda, y en esa cajita, guardada como un gran tesoro, aparecería.

En la historia de Viviana vemos cómo lo único que la sostenía emocionalmente era su esperanza de un futuro con el hombre que ella amaba. A pesar de saber que su familia y la sociedad se unían en contra de su relación con Enrique, no se dio por vencida. Se mantuvo enfocada y luchando por el hombre que la llenaba y le había devuelto su luz. Cuando la verdad es real y los sentimientos sanos, no hay circunstancia en la vida que no nos dé sentido ni razonamiento para ayudarnos a enfrentar nuestra batalla. Todo lo que vale la pena cuesta trabajo. Viviana confió en sus sentimientos y en el amor de Enrique, y esto fue lo que la motivó a dejar ir todo aquel sentimiento que no le pertenecía. Ella nunca quiso herir a su familia, aunque ellos la culpaban de todo lo que había pasado, añadiendo a Enrique como cómplice en todo. El refrán: «El amor sobrepasa todo obstáculo», es real. La vida nos trae sorpresas. Cuando ella pensó haber perdido toda la esperanza nació una vez más el amor. Cuando menos lo esperaba o lo buscaba. Fue en la naturalidad y confianza que tuvo con Enrique que bajó la guardia y se enamoró. Hablamos de diosas y dioses, pero no son estos los que buscan a dos almas y las unen. Por sus poderes y sentidos unen almas sin saber repercusiones, y sin pedir opinión al mundo.

En mi programa de la radio siempre digo que en cuestión de relaciones amorosas debemos actuar con la cabeza igual que con el corazón. En el caso de Viviana, ella actuó con los dos. Primero se dejó llevar por su corazón, pidiéndole consejos a su cabeza cada vez que algo la detenía en su camino. El amor de ella y Enrique no es un amor que vemos en las normas de nuestra sociedad. Pero igual, qué más da cuando dos personas están libres y dispuestas. Hay veces que para lograr lo que queremos tenemos que olvidarnos del mundo y actuar con nuestro propio instinto.

Cuando estamos en el medio de una tormenta tenemos que detenernos y tomar un refugio, para después volver afuera. Esto no quiere decir que ignoremos los consejos de los que nos quieren o quizás ven algo desde fuera que no podemos ver nosotros porque estamos muy metidos en el asunto. Desde luego, tenemos que reflexionar sobre lo que nos está pasando para poner todo en el lugar adecuado.

Noemí

Con lágrimas en los ojos limpiaba los platos que quedaban en el fregadero. Lloraba de forma callada para que sus hijas y su esposo no la escucharan o se dieran cuenta de lo que le pasaba. Al terminar, comprendiendo que tenía que atender a su familia, Noemí se limpió los ojos, y se aseguró de que ellos no notaran ningún rasgo de tristeza. Aunque adoraba a su familia, sufría de un gran vacío que sentía desde hacía muchos años. Se había casado pronto con Antonio, después de graduarse de la universidad. A pesar de que era muy callado y un poco introvertido, en solo unas cuantas citas Noemí se dio cuenta de que Antonio era un hombre bueno. Fue su humildad, lealtad y capacidad de siempre tratar de hacerla feliz lo que la conquistó. Tenían tres hermosas hijas. Las tres adoraban a su padre, y él se había dedicado a ellas igual que a Noemí. Le contaba a sus amigos, con una gran sonrisa, lo afortunado que se sentía de estar rodeado de mujeres. Vivían tres princesas y una reina en el castillo de Antonio.

Noemí guardaba lo que sentía. Lo guardó durante todo su matrimonio. Los recuerdos de su primer amor la tenían atada a una época y un hombre al cual ella le había regalado su corazón. A veces, camino a su casa y detenida en una luz roja, su mente volaba a un momento en que los ojos azules de Roberto la miraban con ternura y pasión. Noemí tenía cuarenta y cinco años, y a pesar de que su romance con Roberto había ocurrido hacía veintiocho años todavía mantenía todas las memorias que crearon esos momentos maravillosos de su vida. Se acordaba de lo guapo que era y cómo ella se reía con él. En los dos años que fueron novios pasaron muchas aventuras y tuvieron besos inolvidables. De vez en cuando, su mente la transportaba a aquellos momentos cuando hacían el amor. Nunca se pudo olvidar de las manos de Roberto y cómo la tocaban. Eran dos niños que se amaron intensamente. Contaban los minutos en el reloj esperando volver a verse, y las ansias que tenían el uno por el otro aumentaban por día. Noemí ya había perdido la cuenta de las tantas veces que había reemplazado la cara de Antonio con la de Roberto cuando hacía el amor.

Tenía una doble vida; su mente y corazón la traicionaban evitando que ella viviera el presente a plenitud con su familia. Había creado una familia con Antonio, y se sentiría satisfecha si no fuera porque en su cabeza se refugiaba el hombre que la había hecho mujer. Las razones de la separación con Roberto nunca estuvieron claras. Se había separado de él porque decidió irse a una universidad fuera del estado donde vivían, y sus padres querían que ella estudiara cerca de la casa. Lo que nunca comprendió fue cómo él nunca la volvió a buscar.

No lo comprendió hasta un día, veintiocho años después, cuando recibió una llamada en su trabajo. La voz al otro lado sonaba conocida cuando le preguntó: «Noemí, ¿esa eres tú?». Roberto se había enterado por una amistad en dónde ella trabajaba, y un día lleno de valor, la llamó. Noemí casi se cayó de su silla cuando la voz conocida confirmó que era Roberto. Hablaron por cuarenta y cinco minutos y por horas a escondidas de Antonio durante toda esa semana, hasta que al fin se llegaron a ver otra vez. Noemí se puso un vestido verde que le quedaba muy bonito esperando que Roberto pensara lo mismo. Se encontraron en un parque lejos de su casa, y se abrazaron como la primera vez. A pesar de algunas canas, Roberto lucía igual. El tiempo lo había tratado bien, y sus ojos azules todavía brillaban cuando sonreía. Noemí evadía la mirada de Roberto y se sonrojaba con los halagos que le hacía. Parecían dos chiquillos en la escuela. Fue en ese parque que Roberto le pidió otra oportunidad a Noemí. Él estaba divorciado de su esposa y había tenido dos hijas con ella. Roberto le suplicó que volviera con él, explicando que sería difícil, pero que al final de la batalla estarían juntos otra vez. Este era el sueño que Noemí tuvo por años, por eso no entendía la confusión y el conflicto que le causaba todo el asunto.

Cuando llegó a su casa esa tarde no podía mirarle a los ojos a Antonio. Se acostó temprano con la excusa de que no se sentía bien, y él se ocupó de las niñas. Al día siguiente, desayunando con Antonio, sentada en el comedor de la casa que habían comprado con sus ahorros, Noemí miraba a su esposo con admiración y ternura. Se acordaba de las navidades que habían pasado juntos, de lo triste que había estado Antonio cuando falleció su padre, y de los tantos momentos que habían llenado su vida. Toda una vida que ella había menospreciado, soñando con un fantasma de su pasado que volvió a sorprenderla cuando a él se le hizo conveniente.

Espontáneamente, le dio un beso largo a Antonio diciéndole lo mucho que lo amaba. Por ese amor es que ese día decidió llamar a

Roberto y despedirse de una vez por todas de él. Aquella ocasión en que lavaba los platos que quedaban en el fregadero sería la última en que derramaría una lágrima por ese amor que volvió a entrar a su vida. No lo borraría, pero sí lo pasaría al pasado para poder vivir el presente con un hombre que le había dado una vida llena de memorias y felicidad.

Noemí y Ananké

La diosa Ananké en la mitología griega es conocida como la diosa de la compulsión, necesidad y todo lo inevitable. Es esta diosa, y su pareja el dios Cronos, quienes tuvieron una atadura muy fuerte. Se dice que son ellos los que controlan el balance y tiempo de la tierra, los cielos y el mar.

La diosa Ananké se puede comparar con Noemí por la gran atadura que tuvo con un amor. Pero al final fue el balance, que ella también controlaba, el que viene a ser la influencia fundamental. En el descubrimiento del balance es que Noemí puede observar su mundo desde afuera. Cuando hace esto, ella llega a comprender lo que tiene con Roberto buscando el balance en el valor que tiene su relación con Antonio. Tuvo que volver a aparecer Roberto para que Noemí comprendiera que lo que tenía delante de ella sobrepasaba cualquier relación que pudiera haber tenido en el pasado.

Lo bonito de una relación de largo tiempo es que uno se hace testigo de la vida del otro compartiendo las experiencias. Noemí llegó a ver a Antonio como un testigo de su vida, y esto fue lo que la desató finalmente de Roberto y la ayudó a vivir en el presente en vez de en el pasado. Tuvo que enfrentarse a su pasado y dejarlo atrás para poder posicionar todo en su lugar. Igual que la diosa, al soltar el control de lo que la ataba obtuvo el balance o control sobre su vida para poder ver las cosas claramente.

Patricia

Para Patricia y sus amigas era una noche de parranda como cualquier otra. Habían decidido salir solas para disfrutar de una noche alejadas de sus novios. Gladys y Andrea, amigas de Patricia, la recogieron a las ocho de la noche para empezar temprano el festejo de esta unión femenina. Patricia, con veinte años, estuvo expuesta a un mundo de alcohol temprano en la vida. No solo su madre se había casado con un hombre alcohólico, sino que también fue este mismo padrastro quien después le abrió las puertas al mundo de las drogas. Ella experimentó con todo tipo de droga y le encantaba cómo la hacían sentir. Su madre había hecho varios intentos para rehabilitar a Patricia después de divorciarse de su padrastro. Nada podía cambiar a esta joven. Vivía una vida loca sin control ninguno.

Con gran entusiasmo, Patricia entra de un salto al carro de Andrea y se sienta en el asiento al lado del pasajero mientras que Andrea iba detrás del volante. Gladys, sentada en el asiento de atrás, hablaba por su teléfono móvil con unos amigos que le daban la dirección de la fiesta.

Esa noche la pasaron de maravillas. Bailaron y bebieron hasta horas de la madrugada. Al momento de volver a casa las tres estaban completamente embriagadas. Fue en ese instante que decidieron que Gladys manejaría el carro de Andrea. Calculando lo que habían bebido, pensaron que Gladys era la que estaba en mejores condiciones para conducir el vehículo. Se montaron en el auto, Gladys al volante, Andrea a su lado y Patricia en el asiento de atrás. Inmediatamente, Patricia echó su cabeza hacia atrás para poder descansar en el corto viaje a su casa. En un cerrar y abrir de ojos estaba rodeada de bomberos y se dio cuenta de que estaba atrapada dentro del carro. Una pieza del auto había caído sobre su pierna y no se podía mover. Estaba muy intoxicada, pero no lo suficiente como para no escuchar los gritos de Gladys y ver el caos que había a su alrededor. En minutos fue transportada por helicóptero a un hospital. Ahí perdió la conciencia y poco después fue despertada por unos médicos que le aseguraron que ella estaba bien y había tenido mucha suerte.

Patricia estaba muy confundida y tenía muchas preguntas sobre el accidente y sus lapsos de conciencia, pero se sentía muy cansada y sin las energías para poder hablar. Cerró sus ojos y cuando los volvió a abrir se encontró con su madre y hermana al lado de la cama. Patricia notó que su hermana trataba de permanecer fuerte, deteniendo las lágrimas que llenaban sus ojos. Su madre, dándole un beso en la frente le dijo: «Mi amor, vas a estar bien y todos estamos aquí para ayudarte». Patricia sentía que sus labios estaban secos y pidió un poco de agua. Su madre le dio de beber explicándole que no se moviera mucho porque tenía algo que decirle. Patricia miró a su alrededor observando su camilla y el cuarto, y de pronto se aterró y sorprendió cuando se percató de lo que su madre le quería explicar. Le habían amputado su pierna derecha, por debajo de su rodilla.

Sus gritos y llanto se escucharon en todo el pasillo del hospital. Rápidamente, una enfermera llegó con una inyección para calmarla y ponerla a dormir. Los días que siguieron fueron peor todavía. Patricia se despertaba por las noches recordando el accidente y sintiendo todavía la pierna que le habían removido. Siempre había sido una muchacha físicamente bella y muy presumida. Ahora se sentía como un monstruo postrada en esa cama de hospital. Su madre y hermana no la dejaban sola y trataban de hablarle de otras cosas que la alegraran. Manuel, el novio de Patricia, no la había visitado en el hospital y tampoco lo habían hecho Andrea y Gladys. ¿Qué estaba pasando? Patricia le preguntó a su madre dónde estaba Manuel y sus amigas. Los quería ver. Su madre le respondió que Manuel estaría pronto a su lado. Ella le había pedido que esperara unos días para que Patricia se recuperara un poco de todo el trauma que había pasado. Patricia le volvió a preguntar: «¿Y Gladys y Andrea se encuentran en el hospital? ¿Dónde están?, ¡quiero verlas!». Su madre le sugirió que descansara un poco y después hablarían de eso. Patricia estaba segura de que ella le ocultaba algo. Insistió en que la llevaran a ver a sus amigas. Su hermana le tomó la mano y le dijo: «Mi hermanita linda, tuviste mucha suerte», y tragándose las lágrimas le explicó que Andrea había fallecido en el accidente de auto, mientras que Gladys había sido arrestada por homicidio vehicular. Esto hizo que Patricia se deprimiera todavía más. ¿Cuándo se levantaría de esta pesadilla?

Al día siguiente, Manuel pasó por el hospital, abrió la puerta del cuarto y corrió hacia su lado mientras que Patricia lloraba en sus brazos sin consuelo. Patricia veía el horror en los ojos de Manuel cuando este miraba disimuladamente la extremidad que ya no existía. Él le juró estar a su lado durante todo lo que le esperaría, pero esa promesa no duró más que dos semanas, cuando Manuel le dejó dicho con su madre que él no podía seguir con Patricia. Le dolía verla así y se sentía avergonzado, pero él no estaba preparado para lidiar con todo lo que le había ocurrido a su novia. Patricia se sintió abandonada y esto la fue amargando. ¿Por qué no fue ella la que se murió en ese accidente? ¿Por qué tenía que pasar ese infierno? Ahora el mundo entero le tendría lástima, o peor, se le quedarían mirando como si ella fuera algo raro. Era un ser incompleto, y su vida nunca sería igual.

Al pasar los días, Patricia recibió la visita de un sacerdote que había llegado a ella por una amistad. Cuando entró al cuarto se encontró con una muchacha déspota y desilusionada. Ella le pidió que se fuera, y le explicó que aunque se había criado en un colegio católico, no creía en Dios, y ahora todavía menos, con todo lo que le había ocurrido. El sacerdote no le prestó mucha atención a su ira, y viendo el dolor en sus ojos, se fue tranquilamente.

El próximo día, otra vez el sacerdote visitó a Patricia. En esta ocasión, ella tomó un vaso de agua que tenía sobre una mesa, cerca

de su camilla, y se lo tiró gritándole: «¡Váyase de aquí!». El sacerdote recogió el vaso, lo devolvió a la mesa y se sentó cerca de Patricia
sin decir una sola palabra. Segundos después Patricia se echó a
llorar sin poder contenerse. El sacerdote le pasó la mano por el
cabello y le dijo: «Hija mía, quizás te has sentido abandonada por
muchos, estás pasando momentos muy difíciles, pero Dios nunca
ha dejado de estar a tu lado. Te has apartado de él mientras que él
pacientemente te espera para sanar tus heridas y ayudarte con todo
lo que tienes por delante. Regálale tu vida y ríndete a sus pies».

Unas semanas después, Patricia cambió su silla de ruedas por
una prótesis. Ahora tenía una pierna nueva que con mucha terapia
aprendió a manejar muy bien. El sacerdote la visitaba todos los
días y con el tiempo se convirtió en uno de sus mejores amigos.
Patricia y él platicaban y leían la Biblia juntos.

Dos meses más tarde, Patricia dejó el hospital completamente
cambiada. Había perdido su pierna, pero también se había encontrado espiritualmente. Ahora la meditación y oración ocupaban el
espacio del alcohol y las drogas. Ya no era esa muchacha frívola,
sin propósito en la vida. Ahora, gracias a la constancia del sacerdote, pudo encontrar su verdadera esencia fortaleciéndose por su
fe en Dios.

Siempre recordando las palabras de aquel sacerdote, que le
decía que dejara que Dios dirigiera su vida, Patricia fue poco a
poco cambiándola. Llegó a ser consejera del departamento de
trauma del hospital donde había estado por meses después de esa
noche horrible. Se casó con un hombre que la admiraba y adoraba,
y de esa unión nacieron dos hermosos hijos. Nunca había estado
más feliz, y ahora en sus oraciones le daba gracias todos los días a
Dios por haber dejado entrar todo aquel tormento en su vida.
Dejando que todo aquello la transformara, cambiándola a una persona productiva y con propósito en la vida. Sobre todo agradecía
cómo había encontrado su fe.

Patricia y Melpómene

En un inicio, la diosa griega Melpómene era la musa del canto y la armonía musical. Después pasó a ser la musa de la tragedia, tal como se reconoce actualmente. Un mito cuenta que Melpómene tenía todas las riquezas que podía desear una mujer. Tenía belleza, todo el dinero que quería, y hasta cualquier hombre que deseaba. Pero teniéndolo todo, no podía ser feliz.

En la historia de Patricia podemos ver que ella lo tenía todo y no valoraba nada. Patricia, como Melpómene, andaba contenta por la vida, o así parecía, sin tomarse el tiempo de apreciar las bendiciones que tenía. Un accidente de auto le cambia la vida, y lo pierde todo. Pierde su belleza física, pierde a sus amistades, y hasta al hombre que amaba. No llegó a valorar lo que tenía hasta perderlo. Simplemente pensaba que se lo merecía todo. Al principio de la historia, Patricia da la impresión, igual que Melpómene, de ser una muchacha alegre y llena de vida. Cuando en realidad vive con la tragedia de un vacío muy grande, escapando a su tristeza con la ayuda del alcohol y las drogas. Tiene que pasar por una tragedia para que ella muestre su vulnerabilidad y pierda la actitud arrogante que la mantenía esclava. Se quita la máscara para revelar su verdadera esencia. Aquí vemos otra similaridad entre Melpómene y Patricia: Melpómene empezó como la diosa del teatro, donde todos sabemos que las máscaras sobran. Cuando se quita la máscara, Patricia abre su alma para dejar entrar el cambio necesario que transformaría su vida. En su momento más débil surge su fuerza.

Un sacerdote la ayuda a descubrir su espiritualidad, y tiene un acercamiento con Dios. En la Biblia conocemos la historia de cómo Dios le quita todo a Job, para comprobar su amor, y después le devuelve el doble de las bendiciones, por su lealtad. De la misma manera, podemos ver cómo la fe de Patricia es el camino que la lleva a lograr sus metas y encontrar su felicidad. Pero solo se monta en este camino cuando, como Job, lo pierde todo. Muchas veces son nuestros sacrificios y errores en la vida los que nos ayudan a crecer espiritualmente. La lección siempre está al alcance del que quiera aprenderla. Hay personas que solamente aprenden con grandes tragedias, por su inhabilidad de ponerle atención a todas esas bendiciones que nos ofrece la vida.

Siempre he dicho que no importa la religión que practiques, pero sí importa tu relación espiritual con tu Creador. Las diosas griegas conocían bien sus poderes, pero cuando se olvidaban de los valores de esos poderes fracasaban. Entre nuestros valores debe existir el acercamiento espiritual. Esto es lo que nos ayuda a contemplar la vida como un regalo que debemos mostrar y valorar. Es en nuestra espiritualidad que de verdad podemos entregarnos a los demás y compartir nuestros dones. Es en nuestra capacidad de ver más allá de nosotros mismos que recibimos la felicidad que buscamos. Pero, sobre todo, es cuando dejamos a un lado nuestro egoísmo que sanamos al mundo entero.

Quizás miramos la historia de Patricia y pensamos que pagó un precio muy alto para llegar a aprender la lección. Tener que pasar por una amputación para una mujer vanidosa no pudo haber sido nada fácil. Sin embargo, todo depende de la forma en que miremos las cosas. Pudiéramos decir que Patricia entregó su pierna para recibir el espíritu que le faltaba en el alma. En este intercambio claramente vemos que fue poco lo que dio y mucho lo que recibió en su lugar. En fin, ¿qué precio tiene lo que nos puede cambiar la vida?

Susana

Susana se mecía en el sillón donde había dormido a todos sus bebés. Solamente algunos muebles de su pasado ocupaban el espacio del pequeño apartamento donde ahora vivía. En las manos sostenía un álbum de fotos, pasaba las páginas y recordaba épocas ya perdidas en el tiempo. Sonreía con satisfacción sabiendo muy bien que había estado presente cuando sus hijos eran pequeños. Se acordaba de todas las noches sin dormir cuando se enfermaban, del gusto que les daba dibujar, de las vacaciones que tomaron en familia, y sobre todo de las veces que les leía un cuento antes de que se acostaran a dormir recibiendo un: «Te amo, mami», y el beso que lo acompañaba. No fue fácil criar a cuatro hijos, pero ellos eran su mundo, y Susana se aseguró de que ellos lo supieran. Siempre pensaba en los demás y vivía desilusionada en un matrimonio lleno de mentiras. Se había casado muy enamorada y mantuvo su matrimonio por quince años. Hubo muchas cosas en esos años que los dos disfrutaban y tenían en común, pero lo que no compartían y no hablaban con nadie fue lo que poco a poco fue deteriorando la relación. Lo insólito del divorcio es que cuando llega, no es de un día para el otro. Suelen ser años de problemas y dificultades. Este es un tema bastante difícil de explicar a cuatro adolescentes.

Susana nunca pensó que volvería a ser feliz. Había pasado tanto tiempo preocupándose por los demás que nunca se dio el permiso de vivir un poco. Cuando empezó su nueva carrera y se sintió reconocida por todos sus esfuerzos en el trabajo, le pidió el divorcio a Humberto. Él se sintió devastado con la noticia. Humberto era un mujeriego y vividor que había pasado todo su matrimonio mintiéndole a Susana, malgastando el dinero, y menospreciándola enfrente de sus hijos. Hizo esto mientras Susana lo apoyaba en cualquier negocio o aventura, respetaba sus ideas, y ocultaba sus faltas. Ella lo hacía por la unión y el bienestar de la familia y lo hizo por muchos años perdiendo su identidad en el camino.

Luego que Susana se separó de Humberto, y mientras se tramitaba el divorcio, los días de trabajo se hicieron largos para ella, y esto dio paso a que Humberto estuviera mucho tiempo con sus hijos. Humberto le rogaba constantemente por otra oportunidad.

Él quería volver con ella, pero para Susana, que ya había recuperado su autoestima, no había regreso. Se llevaron bien hasta que Humberto se enteró de que Susana estaba saliendo con otro hombre, y fue entonces que todo empeoró. Un par de veces Susana lo tuvo que poner en su lugar por los intentos de interferir en su nueva relación.

Susana conoció a René en su trabajo. Le encantaba como él la trataba, y se sorprendía al ver lo rápido que se había enamorado de él. Disfrutaba de su nuevo amor mientras que Humberto les llenaba la cabeza a sus hijos con lo que él les describía como «las indiscreciones de su madre». La familia de la cual Susana se sentía orgullosa había sido desmoronada en mil pedazos. Sus hijos se separaron, cada uno tomó un camino diferente. Una se mudó con sus abuelos, dos fueron a vivir con el padre, y otro fue a la universidad y perdió la beca que había logrado por el uso de drogas. Susana se metió de cabeza en su trabajo y relación, pero esta última terminó después de año y medio cuando encontró a René con otra mujer. Se sentía como una idiota.

Durante el tiempo que estuvo con René, la relación con sus hijos fue turbulenta, pero nunca paró de buscarlos. Ella los adoraba; sin embargo, estos se sentían abandonados, y la manipulación de Humberto al divulgar intimidades de su matrimonio, no ayudó a sanar las heridas. Susana no quiso debatir lo que Humberto les había confesado, pues ella buscaba más bien que sus hijos se olvidaran de todo el dolor que habían pasado. Humberto les había dado a entender que su madre le había sido infiel. Usó la relación que tuvo con René, antes del divorcio, como su ejemplo. Susana conocía la verdad y se sorprendía de la bajeza de Humberto. Pasaron los años y fue un reto volver a ganarse los corazones de sus hijos. Parecía que no importaba lo que hiciera, nada daba resultado. Tenían resentimiento. Ella estaba segura de que su amor de madre, con el tiempo, lo lograría todo. Gracias a Dios y sus instintos maternales pudo ver el fruto de sus esfuerzos, y disfrutar no solo de sus hijos, sino también de sus nietos.

Susana y Leto

Leto es conocida como la diosa del embarazo y la maternidad. Ella engendró un hijo de Zeus, y por esto recibió la revancha de su esposa, Hera. Es conocida también por su sufrimiento como madre.

No hay dudas de que podemos ver un poco de la diosa Leto cuando leemos la historia de Susana. Para esta no había nada más importante que la misión que tenía como madre. Se pierde un poco en el camino, pero vuelve a tomar las riendas siendo constante y partícipe en la vida de sus hijos. No dejó nunca que la situación la definiera, sino que decidió ser ella la que definiera la situación. Para ello, eliminó el sentimiento de culpabilidad o lástima. A pesar de la manipulación de Humberto, Susana se sentía completamente segura del amor con el cual había criado a sus hijos. Ella esperó que el tiempo y su presencia sanaran las heridas. Muchas veces en la vida pasamos por situaciones en las que experimentamos resultados que no esperábamos. Casi siempre, si soltamos el control, dejamos que la vida, nuestra fe y el tiempo las resuelvan con esto no quiero decir que hay que sentarse y no hacer nada. Muchas veces hay situaciones que meritan que tomemos acción. Pero orar, creer y tener una esperanza que perdura son acciones que generalmente se nos olvidan. Susana empezó como una diosa maternal, pero poco apreciada, y acabó como una diosa apreciada por su creencia en el amor que les brindaba a sus hijos.

María Josefa

María Josefa miraba a sus hijos pensando en todo lo que había pasado en los últimos años. Se acordaba de cómo tuvo que dejar al pequeño a cargo de su madre, para no arriesgarlo al cruzar la frontera con el esposo. Fue una experiencia muy traumática. Después de haber visto lo que pasaron tantas mujeres que cruzaron con sus hijos en los brazos, se alegraba de la decisión que había tomado.

Ella y su esposo vivían asustados por ser indocumentados. Decidieron establecerse en Miami, donde María Josefa encontró un buen trabajo. Se había puesto en contacto con una amistad que conocía en El Salvador, y esta la recomendó a unas personas muy buenas para que ella fuera la muchacha que limpiara y atendiera su casa. La señora y su familia conocían bien las dificultades económicas de María Josefa, pero también estaban enterados de su estatus. Cuando la conocieron, la humildad y dulzura de María Josefa contribuyeron para que la emplearan inmediatamente. En poco tiempo, ella se convirtió en parte de la familia. Se sentía muy querida y apreciada, pero extrañaba mucho al hijo que había dejado en El Salvador. Su primera Navidad la pasó muy sola. No solo tenía a su hijo en mente; su esposo había decidido irse a Nueva York y unos días después de haber llegado la había llamado para avisarle que no volvería.

María Josefa, fortalecida en su fe, se aferró a su nueva familia. Después de unos meses, el esposo decidió regresar; ella estaba herida pero lo recibió de vuelta. Más tarde nació una hija. La familia que ella atendía la ayudaba con su hija mostrándole el mismo amor que le habían brindado a ella. La querían tanto que en varias ocasiones escondieron a María Josefa cuando las autoridades venían a tocar a la puerta por alguna duda de que hubiera alguien indocumentado. María Josefa se esmeraba en su trabajo para agradecer todo lo que hacían por ella.

A pesar de que la familia le pagaba muy bien, María Josefa decidió tomar otro trabajo donde le pagarían cuatro veces lo que ganaba. La familia lamentó tener que perderla pero se alegraron al verla prosperar. Ella estaba enfocada en unir a sus hijos. Añoraba a ese hijo que había tenido que dejar en su país.

Concentrada en su nuevo trabajo fue a vivir a casa de una pareja homosexual. Estos hombres, de muchos recursos, tenían un hijo gracias a la ayuda de una donante. María Josefa se encantó con el niño, atendiendo bien la casa. La pareja, igual que la familia a la cual le había trabajado, se encariñó con la forma de ser de María Josefa. Ella, a pesar de todo el dolor que tenía en su corazón y todas las dificultades que había pasado, nunca perdió la sonrisa en su cara.

El esposo de María Josefa se había vuelto a El Salvador para empezar un negocio que le habían ofrecido. Todo le iba bien hasta que tuvo un encuentro con la pandilla de maras salvatruchas. Enterándose de esto, María Josefa habló con unos coyotes para que su esposo volviera a cruzar la frontera, pero esta vez trayendo a su hijo. Fueron días muy largos y difíciles esperando noticias de sus seres queridos. Al fin recibió la llamada de que su hijo y esposo se encontraban bien y estaban de camino a Miami. Al ver a su hijo y tenerlo en sus brazos, María Josefa le pasaba la mano por el cabello, pensando en las tantas veces que no había podido hacerlo.

Por la distancia que los había separado y muchas otras cosas, María Josefa decidió dejar a su esposo. Ella ya tenía a sus hijos al lado y estaba completamente enfocada en mejorarles la vida. Su esposo llegó a ser un ancla para ella, pero ya la vida la había cambiado. Tenía buen trabajo para atender bien a sus hijos y poder mandarle dinero a su madre en El Salvador. Por la violencia que había pasado su esposo con la pandilla y las amenazas que llegaban a María Josefa pudo acogerse a una ley, y al fin legalizar su estatus y el de sus hijos. Uno de los hombres con quien ella vivía era abogado y la ayudó a lograr su sueño. Agradecía a Dios todo lo que había hecho por ella para ayudarla a progresar.

Cuando María Josefa pensó que no le podía ir mejor recibió una oferta de la pareja con la cual vivía que no pudo rechazar. Estos hombres querían tener otro hijo y le ofrecieron cincuenta mil dólares por ser quien cargara el embarazo. Ya habían escogido el óvulo de una donante, pero María Josefa sería la que pasaría el embarazo dándoles el otro hijo que tanto añoraban.

Debido a sus principios, no fue una decisión fácil para María Josefa, y decidió no comentarle nada a su familia en El Salvador. Durante los meses de embarazo fue cuidada como nunca en su vida. Los ansiosos padres no la dejaron levantar un alfiler, le seguían pagando su salario y emplearon a otra muchacha en la que ella delegaba el trabajo necesario del hogar. Sus hijos recibieron ayuda psicológica para comprender bien el proceso que estaba pasando su madre. Todo esto pagado por la pareja con quien ella vivía.

Después de nueve meses nació una niña hermosa, y María Josefa se sentía tan contenta de haberlos ayudado a lograr esto. Ellos eran unos padres excelentes. Adoraban a sus hijos y trataban a los de María Josefa igual de bien. María Josefa siguió cuidando a los niños y atendiendo la casa. El cariño y agradecimiento de la pareja con quien vivía fue creciendo y decidieron sorprenderla comprándole su propia casa y estableciendo fondos fiduciarios para sus dos hijos. Ella había logrado mucho más de lo que había soñado. Ahora no era la misma niña asustada, sino más bien una mujer bendecida por su enfoque, trabajo y el amor que brindaba.

María Josefa y Ocasión

María Josefa nos recuerda a la diosa grecorromana nombrada Ocasión. Es conocida por su bello cabello que cae delante sobre sus pechos, pero calva atrás en la nuca. Ocasión también suele ser conocida por estar armada con un cuchillo en su mano derecha representando su lucha por la vida, y con alas en los pies que representan lo rápido que pueden llegar e irse las oportunidades en la vida. El cabello hace referencia a cuando uno ve una ocasión y después que le pasa por el camino ya no quedan rasgos de ella, por eso la nuca calva.

Podemos decir que María Josefa aprovechó cada oportunidad que le dio la vida. A pesar de su dolor y sus miedos se mantuvo fuerte con los ojos fijos en la meta. Igual que Ocasión, María Josefa llevaba un cuchillo escondido, pues su lucha para legalizarse y estar cerca de sus hijos fue diaria. Nunca dejó que los obstáculos la detuvieran, sino que más bien la empujaran hacia delante para ser testimonio de lo que su perseverancia le permitió lograr. Se aferró a sus creencias, entregándole su vida a Dios. Actuó en todo momento con amor, hasta en la separación con su esposo, quien la había defraudado. En su crecimiento podemos notar las mismas alas que vemos en la diosa Ocasión. María Josefa abre sus alas y toma vuelo con cada decisión sensata que toma en la vida. Esto saca a la luz la diosa que guardaba dentro.

Las diosas en un mundo moderno

La diosa moderna muestra ser multidimensional. En la dificultad es que sale a relucir su fuerza. Saca su cabeza para respirar al sentirse ahogada por los problemas. De antemano evalúa el asunto analizando con precisión la cuestión, y así trae una solución al dilema.

En estas historias vemos los diferentes aspectos que hacen a una mujer moderna. La mujer que emerge como una diosa para tomar la batuta enfrentando su realidad con valentía. Si prestamos atención, en estas historias podemos ver un pedazo de nuestra esencia. Nos identificamos con los sentimientos que describen estas mujeres en sus historias, y quizás llegamos a recordar momentos en los que nos hemos sentido igual.

¿Quién no ha tenido que perdonar a alguien que lo ha herido, o aceptar alguna situación que estaba fuera de nuestro control?, como en el cuento de Camila. ¿Cuántas no hemos sentido amor y entrega como lo sintió Lola por un padre que adoraba? Sin duda, en diferentes momentos todas hemos querido volar y sentirnos libres, como le sucedió a Miriam. Igual compartimos el sentimiento de esa dedicación de Alejandra hacia su hijo, o de la perseverancia de Conchita para mantener unida a su familia. Si hemos tenido suerte podemos conocer la satisfacción de una decisión acertada como la de Noemí, mientras que otras nos hemos sentido bendecidas por el ejemplo de alguien que tocó nuestras vidas, como vimos con Cristina. Divisamos nuestra maternidad en todo su esplendor cuando leemos sobre Susana, y en el caso de Viviana percibimos la confianza y convicción a las que recurrimos cuando el mundo entero está en contra de nosotras, y tenemos que defender nuestra verdad. Con las historias de María Josefa y Patricia nos vemos transformadas por haber aprovechado la oportunidad, y descubrir nuestra verdadera esencia y el mundo espiritual.

Durante años, he podido ser el oído que he prestado a muchas personas, una gran parte de ellas, mujeres. Estas son unas cuantas que modelan los atributos de mujeres fuertes y diosas modernas. Por discreción y por mantener la privacidad de ellas, los nombres y algunos detalles fueron alterados, pero las historias son reales y las llevo en el corazón. Las aplaudo, y celebro sus logros. ¡Aprendiendo de estas diosas, de estas mujeres con pantalones!

CAPÍTULO 10

Las Gagas (La hermandad de las Ya-Ya)

Toda mujer busca un espacio único en el mundo, agradecida por todo aquello que la inspira a irradiar su luz interna. Esta inspiración es lo que la ayuda a enfrentar cada día con amor y esperanza. No importa la edad que tenga. Todo lo que es depende del fruto de lo que cosechó durante sus años de vida. La edad no la define, más bien la energía que lleva en el alma. Ella es marcada por la lección aplicada por esas experiencias en el transcurso de su camino. Siempre hay algo que necesita completarse y alguna meta que tiene que lograr.

Los años para toda mujer son momentos de riqueza que colecciona con el tiempo. Cada arruga implica un momento de la vida... la memoria de su niñez, el parto de sus hijos, un divorcio, un cumpleaños en familia, y cada persona que amaron y tuvieron que dejar ir.

Yo soy parte de un grupo de mujeres conocidas como Las Gagas. Hemos mantenido una unión y hermandad desde los siete años. Cada una somos parte de la otra y hemos estado ahí en todos los momentos de nuestras vidas. Testigos de cada momento que nos hicieron reír, igual que de aquellos que nos hicieron llorar. Pero siempre siendo un pilar de constancia y perseverancia.

Las Gagas estudiamos juntas en la misma escuela, en Cuba. La misma escuela que nos vio crecer y después nos tiró sin razón ni motivo al mundo. Fue durante estos años que se formaron lazos muy fuertes. No hay nada más significativo en la vida que la hermandad. Bajo un mismo techo pueden compartir varias personas la misma experiencia, y sin embargo esto no determina cómo cada una de ellas pudiera digerir la información y llegar a su propia conclusión. A pesar de que podemos vivir la misma situación, nuestros recuerdos y las memorias de estos recuerdos son los que marcan su importancia en cada una de nuestras vidas. Esto se ve en la relación entre hermanos; a pesar de tener recuerdos de hechos que vivieron en común, es la forma en que fueron afectados por ellos lo que forma su naturaleza.

Yo tuve la dicha de tener varias hermanas, que aunque no unidas por sangre, fuimos unidas por algo igual de fuerte. Nos unió todo momento emotivo mientras nos formábamos y deliberábamos nuestra realidad. Todo momento en el que nuestra integridad nos sacó de un cruce de caminos. Nos conocemos bien, y hemos ido cambiando y creciendo juntas, siempre acordándonos de esas niñas que llevamos dentro. Somos partícipes de una historia que compartimos. Nuestro bolso está lleno de enlaces que nos definen. Está lleno de una niñez y un crecimiento, de recuerdos y reflexiones, de momentos de miedo, de aventuras, y de un colegio. En ese bolso cargamos la vida que nos unió, nos separó y nos volvió a encontrar.

El nombre de Las Gagas llega por una película americana muy famosa llamada: *Divine Secrets of the Ya-Ya Sisterhood* [Secretos divinos de la hermandad de Las Ya-Ya]. En esta película, las protagonistas se destacaban por una unión imposible de romper y un espíritu vivo y presente de lucha. Ellas forman un grupo que se llama Las Ya-Ya. El nombre de Las Gagas simplemente nace después de que una de nosotras ve la película y lo comenta con las demás, de ahí se crea el nombre, como una parodia. Naturalmente, ninguna de nosotras es gaga, ni sorda, ni muda. Todas somos verbales en extremo. Somos mujeres de opinión y voto. Para Las Gagas no existen límites, dicen lo que piensan muchas veces y por eso hasta provocan ira. Nos sentimos como hermanas, pero hay veces que nos herimos. Por supuesto, no podemos decir que esto nunca ha ocurrido, pues sería una gran mentira. Pero nunca adrede.

La mayoría de nosotras hemos viajado por el mundo, podemos hablar dos y tres idiomas, y hemos logrado metas increíbles, tanto dentro de nuestras familias, como personales. Muchas somos profesionales y ejercemos en puestos importantes. En la película fue la unión de ellas durante toda una vida lo que nos llamó la atención a todas. En los tiempos colegiales, mis Gagas eran rebeldes y yo las admiraba. Era una rebeldía basada en la justicia y cotidianamente practicada. A ninguna se le ocurría faltarle el respeto a algún maestro o alguna autoridad. Pero sí sabían cómo salirse con las suyas, respaldándose la una con la otra en cada travesura que hacían. Quizás mi admiración viene un poco por la falta de valor para seguirlas muchas veces. Yo era bastante sumisa y callada. Con el tiempo, aprendiendo a escuchar mi voz interna, la ayuda de mis Gagas, y aplicando mis lecciones vividas, llegué a adquirir el poder de mi propia opinión. Después de esto, no hubo nadie que me callara.

Mi vida sin Las Gagas no hubiese sido igual; son mis Gagas. Mujeres como ellas son las que cambian el mundo por las huellas que dejan en el camino. Todas nacemos para bendecir al mundo con el esplendor de nuestra naturaleza femenina. Este es nuestro instinto maternal, y el amor por el cual la vida nos engendra. Yo he tenido la dicha de haberlas podido conocer a cada una bien. He podido conocer la forma tan diferente de cada una de ellas, y las lecciones y enseñanzas que recogieron en el camino. Las lecciones que aprendimos, las interpretamos diferentes, todas versiones de un mismo tema. No solo es el hogar o un colegio lo que nos forma y nos cría, sino también nuestro medioambiente. Nuestra luz brilla por lo que compartimos y lo que aprendemos. Gracias a mis Gagas yo he podido brillar durante toda una vida por haber llevado dentro de mí un pedazo de cada una de ellas, de las cuales he podido aprender enormemente.

Jorge Luis Borges lo resumió de manera bella en su poema «El ápice»: «Eres cada solitario instante».[1]

El miedo es una emoción. Es una experiencia individualmente experimentada y culturalmente compartida; en ocasiones, es un sentido que nos une, y un momento que pudiese ser usado para intensificar la amistad y buscar fuerzas donde no suelen existir.

La caída del avión

El día ha abierto en Ciudad de La Habana, y las chicas del colegio Sagrado Corazón de Jesús están ya sentadas en su clase de francés. De las ventanas cuelgan cortinas apartadas a la mitad para dejar que el aire fresco de la mañana refresque el aula. Los libros están abiertos, y entre la algarabía de la clase se oyen varias palabras en francés entre risas y conversaciones de modas y chicos. En este día, el de San José, además del plan de estudio, hay también preparativos para celebrar el día festivo. Pero como en muchas ocasiones de la vida, no siempre los planes toman el rumbo que deben.

Todas nosotras recordamos ese día como si fuese un cuento tomado de un libro. Empezó como cualquier otro, pero llegó un momento inesperado que recordaríamos toda la vida. Se nos quedó grabado en la memoria, una pesadilla que interrumpiría nuestros sueños por años.

Era algo común para las estudiantes de la escuela oír el ruido de los motores de aviación. En más de una ocasión, veíamos los aviones volando a baja altura, ya que la escuela estaba ubicada no muy lejos del aeropuerto. Pero este día sucedió algo fuera de lo común.

El sonido del motor aéreo, que en un principio se oía normal, se intensificaba en la medida en que pasaban los segundos hasta llegar a ser el ruido ensordecedor de una estampida metálica. Llegó el punto en que los cristales de las ventanas del colegio vibraban como presintiendo el terror. Todas nos mirábamos sin decir una palabra, pero en nuestras caras se reflejaba la expresión de que algo malo estaba pasando.

La explosión inicial fue enorme, la mayor que he escuchado en mi vida. Nunca se me olvidará el sonido causado por el impacto del avión cayendo en la tierra, seguido por el ácido olor a pólvora. A través de las cortinas abiertas se veía una cola de humo negro que dividía el cielo diagonalmente rumbo a la tierra. Una de Las Gagas, por pura curiosidad, corrió hacia la ventana y fue rescatada por otra que la agarró tirándola al piso para protegerla, no solo del posible peligro, sino también del horror que se veía en los cielos sobre el colegio.

En ese momento de pánico y confusión, la maestra de francés, a quien llamábamos «la Mademoiselle», acudió a cerrar las cortinas y la ventana para tratar de que las chicas no vieran las imágenes de terror, y protegerlas del peligro inminente de la explosión, el fuego y el humo. Fue en ese instante que oímos la segunda explosión, probablemente causada por uno de los tanques de combustible, y después cientos de tiros saliendo de la ametralladora del avión que había caído. El miedo no era solamente causado por el obvio accidente aéreo, sino también por no saber cuántas personas habían perecido o se encontraban heridas, y cuántos hogares habían sido destruidos o quemados durante esta calamidad.

Muchas de nosotras fuimos trasladadas al sótano del colegio, y encontramos en la poca luz de ese cuarto cerrado una plataforma para consolarnos unas a otras, ofreciendo colectivamente la fuerza y el apoyo que individualmente no teníamos. La monja que nos acompañaba nos recordaba que el día de San José era un buen día para morir, pues él era conocido como el patrón de la buena muerte. Al pasar el tiempo, muchas de Las Gagas han comentado sobre la ironía de lo mencionado. Esa misma monja, más que cualquiera de nosotras, tuvo que estar contenta de no haberse muerto ese día, dado que ella dejó su hábito y llegó a casarse dos veces. Me acuerdo muy bien de la psicología infantil de esa monja que causó la histeria de una de mis Gagas, y cómo yo acudí a darle una cachetada para hacer que se calmara y no preocupara más a las demás.

Después nos contaron cómo el piloto volaba con la cabina abierta y hacía señales con los brazos indicando que se apartaran del camino del avión. Atravesó con su ala derecha dos poderosos álamos y tres postes del tendido eléctrico dejando caer el avión sobre un pequeño descampado. Estos hombres hicieron lo imposible para no caer sobre nuestro colegio y fueron recordados en cada misa después de lo ocurrido como héroes de nuestra historia, como mártires que vivirían por siempre en nuestras mentes y corazones.

El miedo y la ansiedad son respuestas emocionales ante la presencia del peligro o la amenaza. Por tanto, está estrechamente relacionado con el concepto de defensa, es decir con una reacción fisiológica de los organismos ante la presencia del peligro o la amenaza. En los momentos de miedo a los cuales nos enfrentamos nos vemos ante la decisión de luchar o huir. La decisión que tomamos es la que nos define en un momento severo. El momento preciso en que tememos nos califica y después categoriza, en dependencia de lo que escogimos. Por instinto y formación, Las Gagas se llenan de valor y luchan en vez de huir. Evidentemente es esta unión la que mantenemos viva y llega a formar parte de nuestra hermandad.

Muchas de nosotras tenemos diferentes recuerdos de ese día de San José, y del ruido estremecedor del avión caído. Algunas recuerdan más que otras los detalles del accidente; otras recuerdan cómo rescataban a amigas que querían salir a ver lo que estaba pasando. Todas recordamos a los pilotos y el esfuerzo que hicieron para maniobrar el avión envuelto en llamas.

En sus últimos momentos, ellos estuvieron conscientes de las vidas de las chicas del colegio, de los vecinos del barrio, e hicieron todo esfuerzo posible para dejar caer el avión en un pequeño descampado y no poner en peligro vidas inocentes.

Anécdotas de la revolución

Hubo muchas memorias que nos unieron a través de situaciones difíciles. Muchas de estas experiencias ocurrieron durante el tiempo de la revolución en Cuba, que nos trajo días con actos de violencia y el uso del terrorismo como una herramienta de manipulación política. El terrorismo carece de cualquier justificación; la política no se gana con vidas ajenas.

Una de Las Gagas me contó que en esos días, durante la revolución en Cuba, fue a distraerse al cine acompañada de su hermano y tía. Lo menos que esperaba esa noche es que fueran marcados por un acto terrorista que pretendía causar daño y lesionar a personas inocentes.

La bomba que escondieron en el baño del cine estalló sin aviso. Mi querida amiga recuerda el pánico y el humo después de la explosión. Recuerda que todas las personas que se encontraban presentes en el cine se levantaron de sus asientos sin pensar, y empezaron a correr, buscando la manera más rápida hacia las puertas de salida. Unos saltaban sobre los asientos, otros empujaban a niños y personas mayores para salvarse el pellejo sin ningún amor o consideración por el prójimo.

Su tía, viendo esto, los detuvo a ella y a su hermano, y les pidió que se quedaran tranquilos en los asientos, pues con tanta gente corriendo había más peligro de ser atropellados por el espantado público, que por cualquier peligro desconocido.

Mi Gaga me contó que se quedaron en los asientos hasta que la mayoría de las personas salieron del cine. Recuerda que salieron con mucha prisa hacia las puertas, pero por lo menos sin el peligro de ser atropellados por la multitud.

Después de eso, sus padres no la dejaron ir más al cine. Nosotras también dejamos de ir, más por solidarizarnos con ella, que por miedo.

Durante esos tiempos sufrimos por muchos familiares que resultaron heridos a causa de la revolución. Una de Las Gagas recuerda una ocasión cuando el esposo de su prima llegó a la casa herido y perdiendo mucha sangre. Había sido baleado en un acto contrarrevolucionario. Su mamá llamó por teléfono a su papá, que era médico, al hospital donde trabajaba y le dijo que alguien de la familia había sufrido un accidente. El padre de mi amiga, que no sabía si el familiar era un hijo, se fue del trabajo con tanta prisa que ni se detuvo en las luces rojas. Cuando llegó a la casa se encontró con el muchacho herido. Lo operó en la casa sin anestesia y le retiró la bala.

Pronto llegaron unos amigos y se lo llevaron a un lugar secreto que usaban como refugio. El papá de mi amiga le salvó la vida.

Como en todo lugar donde hay guerra, esta constituye un verdadero desastre que se atribuye a desacuerdos políticos. La guerra y la violencia son un caos provocado por el hombre, que determina una desorganización total de toda la sociedad, afectándola desde todos los puntos de vista. La mayor parte de las víctimas en todas las guerras son ciudadanos civiles, por eso es importante tener una hermandad sólida, una red de soporte, no solo psicológico, sino también de bienes necesarios: comida, albergue, cuidado médico y consuelo.

Yo tuve la suerte de que en esos tiempos difíciles estaba rodeada por un grupo de mujeres y amigas que nos ofrecíamos esta clase de apoyo.

Vivir una guerra es vivir muerte, destrucción, pérdida de valiosas vidas humanas, pérdida de los valores morales y del derecho a la opinión propia.

Sin embargo, esta realidad parece ser el pan de cada día en muchas naciones, que al igual que Cuba han pasado o pasan por estos momentos tristes de su historia. Lo importante, quizás, es reflexionar sobre aquellas cosas que pueden servir para cambiar la sociedad y hacer de ella algo mejor.

Baúl de los recuerdos

La memoria es el elemento constitutivo de la identidad propia. Alguien que vive solamente en el presente, sin el anhelo o el sueño del futuro, olvidándose de todo su pasado, no puede conocerse bien. La familia, los lugares donde nos desarrollamos cuando jóvenes, las amigas, la cultura del lugar donde vivimos, contribuyen a nuestra personalidad como adultos, nos forman costumbres, rituales y enlaces de amistades que crean memorias, las cuales a veces nos hacen recordar con alegría y a veces con tristeza. Estos recuerdos los llevamos guardados en el corazón, y los revivimos con cada suspiro que soltamos hasta nuestra vejez.

El Carmelo

Nuestras experiencias y recuerdos nos hacen ser quienes somos. Un lugar que dejó recuerdos muy profundos en mí y en mis Gagas estaba situado en el barrio de El Carmelo.

Este barrio está ubicado en una zona urbana de Ciudad de La Habana, al oeste de lo que es El Vedado, desde Paseo hasta el río Almendares.

Esta zona cubre parte de los barrios de Medina y El Vedado. Las Gagas caminábamos las hermosas calles de El Vedado bajo el generoso sol habanero, hasta llegar a este lugar lleno de encanto donde se comía tan bien y nos divertíamos tanto.

Allí, en la cafetería de El Carmelo, comíamos nuestros platos preferidos: batidos de chocolate y panes prensados al calor rellenos de jamón y queso derretido, conocidos como los famosos «discos voladores». Tampoco olvidamos el guarapo con hielo y el helado tostado. Hasta hoy nos preguntamos cuál era el secreto para que el helado no se derritiera cuando lo introducían en el horno a tostar.

Allí también se inventó uno de los sándwiches cubanos más conocidos. Se contaba en El Carmelo que uno de sus sándwiches más populares fue inventado por una jovencita habanera vecina del barrio. Ella asistía a El Carmelo en la época de los años treinta. Cuando visitaba el restaurante, le pedía al cocinero que le preparara su sándwich especial, y por la extraña mezcla de los ingredientes que pedía, bautizaron el sándwich con su nombre: Elena Ruth.

No se sabe si a través del tiempo se confundió el apellido de Elena, pues se rumora que su nombre correcto era Elena Ruiz... La receta que Elena le pedía al cocinero consistía de dos partes de pan blanco de sándwich, a los cuales se le quitaba la corteza, untándolo con queso crema, luego se le añadía mermelada de fresa y varias lascas de pavo asado. Hasta el día de hoy se puede entrar en un restaurante cubano y ordenar un sándwich Elena Ruth, y todo el mundo sabe la delicia que está pidiendo.

Esos tiempos eran maravillosos. Las chicas nos reuníamos para ir al cine, al Rodi o al Trianón, y después caminábamos a El Carmelo para comer un sándwich, o tomar guarapo con hielo en un pequeño puesto de comida ambulante que estaba cerca del malecón.

Otras de Las Gagas recuerdan también que en El Carmelo vendían los cuadernos seriales de cuentos animados, como «Los Archies», y que también vendían cuentos de miedo. Una de mis Gagas recuerda que su hermano escondía los cuentos de miedo para que ella no los viera, pero este no parecía ser muy bueno en esconder cosas porque ella siempre los encontraba. Estos cuentos, aunque ya por la tecnología no se lean igual que antes, todavía existen, igual que El Carmelo. Aunque ya El Carmelo no es igual que antes. Mi recuerdo de este lugar no es de escasez de comida, ni de ineficacia del gobierno, ni de opresión de las empresas. Mi memoria es de risas, sol, amigas y alegría.

Memorias de Woolworth's

Otro lugar en donde nos divertíamos mucho y del cual tenemos buenos recuerdos era el Woolworth's, que estaba en la esquina de Galiano y San Rafael, enfrente de la tienda El Encanto. Me recuerda una de Las Gagas que para tomar un asiento y sentarnos a comer, siempre teníamos que hacer fila detrás de las banquetas ocupadas por personas que ya tenían su orden y estaban comiendo. Lo mejor de todo era que el mostrador estaba frente por frente a donde tenían los postres, y los mejores postres que ofrecían eran los eclairs de chocolate. Mi Gaga insiste en que nunca, hasta el día de hoy, se ha comido un eclair como aquel que probábamos en Woolworth's.

También recuerdo los precios del menú... lo más caro era la ensalada de pollo, que costaba sesenta y cinco centavos. Nosotras comíamos sándwiches de jamón y queso de tres pisos de alto y una Coca Cola solo por setenta centavos. No hace mucho, antes de decidirme a escribir este libro, una de mis Gagas me sorprendió con una copia del menú, donde notamos enseguida que el menú estaba escrito en inglés.

El padre de una Gaga era empleado de Woolworth's. En esa época, su papá servía como administrador del Woolworth's que estaba localizado en la esquina de Montes y Suárez. Ella creció viendo a su padre ir a trabajar a esa empresa todos los días; por eso se considera una bebé de Woolworth's. También recuerda que cuando las empresas norteamericanas fueron intervenidas por el régimen comunista de Castro, Woolworth's sacó a setenta y cinco familias completas fuera de Cuba y las llevó hacia Estados Unidos, haciéndose cargo del costo de todos los pasaportes y las visas. Además de esto, los ayudaron dándoles ropa de invierno y hospedaje en hoteles en Miami y Nueva York.

Su familia salió de Cuba directamente hacia Miami, y fueron procesados en el aeropuerto de Opa-Locka; se hospedaron la noche en un hotel (pagado por Woolworth's) para esperar el vuelo al día siguiente rumbo a Nueva York. Ahí, en Nueva York, le dieron trabajo a su padre y empezaron una vida nueva. Este gesto tan bonito de lealtad de Woolworth's hacia sus empleados cubanos no fue solo con la familia de ella, sino también con todas las familias que sacaron de Cuba.

Ella recuerda que desde niña, en su casa aprendió a comer comidas típicas americanas como los pasteles de calabaza (pumpkin pie) y de arándanos (blueberry pie). También su padre leía en Cuba revistas en inglés para mantenerse informado de todo lo que tenía que ver con la mercancía popular, las ventas, y todo tipo de mostrador o armario que se usaba en la tienda. Sus recuerdos de esta empresa son muy especiales, no solo por los buenos tiempos que pasamos todas en unión, sino también por el maravilloso gesto de lealtad que Woolworth's tuvo con su familia y las familias de muchos otros empleados.

Recuerdos de mis amigas

En la escuela, Las Gagas estábamos divididas entre aquellas que estudiaban bachillerato, otras high school y otras comercio. De mis años de high school guardo recuerdos de diversión, atrevimiento, rebeldía y una unión inolvidable. Mis amigas, mis Gagas, me han contado de tantos momentos divertidos que pasamos juntas en el colegio. Uno de los momentos más atrevidos que recordamos fue cuando un día de descanso ellas se metieron en un cuarto donde guardaban la ropa para las actuaciones y se vistieron con la misma. En otra ocasión, subieron al segundo piso donde estaban las habitaciones de las monjas para ver cómo vivían. Todo esto nos parecía una gran aventura; sin embargo, cuando la comparamos con las cosas que hacen ahora en los colegios, suena muy infantil. Pero para nosotras eran momentos de rebeldía e independencia ante una disciplina que nos imponían con severidad y sin excepción.

Antes de ponernos ese birrete de graduación hubo notas que tuvimos que adquirir y asignaturas que pasar. Una Gaga me recordó la asignatura de Modales y Ética. En una forma muy graciosa me comentaba cómo Modales definía la nota en Conducta, una rara interpretación de la palabra. Pues uno puede tener buenos modales y ser incorregible al desobedecer y hablar fuera de lugar.

Esto lo hacíamos saliéndonos de la fila que formábamos sobre esa línea verde en el piso de mármol que era parte de los pasillos del colegio. Igual nos reíamos sin cesar en la capilla por cualquier tontería que se nos ocurriera en ese momento. Reaccionábamos ante las delincuencias de cada una, muchas veces soltando un grito porque a alguna se le había ocurrido colocar un alfiler en el asiento de otra, o porque una descubrió una lagartija desecada sobre su libreta. Seguíamos órdenes sabias. Era en nuestras ocurrencias que nos sentíamos más unidas y fuertes. Como contar hasta tres para que todas estornudáramos o cerrar y abrir los pupitres para despertar a algunas que se habían quedado dormidas en una clase sumamente aburrida. Igual que los mosqueteros armados con sus espadas en los libros que leíamos... una por todas y todas por una. Era en estas ocasiones cuando la palabra *modales* perdía su definición.

¿Quién decidía nuestra nota de Modales? Indudablemente, esa persona no tenía la misma interpretación de la palabra que nosotras teníamos. Una de mis Gagas comenta que ahora, ya con más madurez, miraba su librito de notas del colegio, que su madre había guardado. Ahí estaba la prueba de unas notas horribles en la clase de Modales y Ética.

Ya más adulta, se defendía con su madre diciendo: «No comprendo las notas estas, si jamás bebí ni fumé». Se acordaba de que bajo amenaza en su casa de hacerle comer jabón, jamás había dicho malas palabras. Tampoco caminó encorvada, ni colocó sus codos encima de la mesa. Nunca habló con la boca llena, y los chicles los dejaba en casa. Con la mafia, Las Gagas, nunca habló de temas prohibidos. Se acordaba de haberse bañado todos los días, usado desodorante, y empolvado todos los rincones necesarios. ¡¿De qué modales hablaba esa persona que la condenaba a tan malas notas?! Su madre, mostrando su sorpresa y llevándole la corriente a su hija, compartía su indignación; luego soltaba una carcajada escuchando el comentario de su niña ya hecha mujer: «De otras cosas me podían acusar, pero definitivamente no de modales».

La verdad es que las monjitas del colegio tenían sus buenas fuentes para encontrar cuál de nosotras tratábamos de salirnos con la suya. En el colegio había un grupo de chismosas y espías que para quedar bien con las monjas se encargaban de acusar a algunas de Las Gagas. Fueron premiadas por investigar nuestras interesantísimas, precoces y milagrosas vidas. Eran un verdadero comité de barrio al cual muchas de nosotras queríamos entrarle a escobazos. Estas chismosas fueron usadas. En vez de mantenerse amigas las hicieron enemigas. Esto nos enfadaba a todas. Una de Las Gagas me comentó que alguna de las chismosas del colegio que usaba banda azul la acusó, injustamente por supuesto, de haber llamado a un muchacho a su casa constantemente. Esto provocó que fuera disciplinada con reglazos por la monja y se quedara en su casa un fin de semana.

En aquellos momentos llamar a un muchacho a su casa era ser sata, liviana y descarada. ¡¿Por cuánto nos hubieran permitido nuestros padres llamar a un hombre a su casa?! ¡Qué horror! Eso era una falta de dignidad. La monja llegó a llamar a Camagüey, al padre de mi amiga, para notificarle del chisme y naturalmente él no le creyó ni una pizca. Sí, éramos una mafia. Sabíamos cómo endulzar a nuestros padres, cómo combatir contra las chismosas que nos trataban de derrumbar, y aprendimos que en nuestra unión es que existía la fuerza que nos ayudaría toda una vida. Compartimos ese afán de inventarnos un mundo estudiantil mejor, chistoso y divertido a cada segundo.

Desvelamos el telón de vergüenza e incomprensión acordándonos de nuestras travesuras. Acordándonos de las corbatas en forma de helicóptero, los cordones de los zapatos al revés, las medias caídas, las trenzas alambradas en nuestras lindas cabelleras, y la sonrisa abierta con la mirada transparente de todas. Ese era nuestro reto ante la adversidad del rigor y la disciplina ilógica con que algunas monjas tormentosas nos combatían. Cómo explicar una amistad que ha durado más de cincuenta años y desafiado la persecución del régimen castrista, el exilio, las crisis económicas, la pobreza, las enfermedades, la cultura de mundos distintos, las penas, los llantos, las ilusiones y desilusiones. Pues cuando más nos aprisionaba el desaliento, llegaba la ayuda de la mafia del high para superar la crisis. Esa solidaridad e indómito carácter fluía libremente. Somos obra de un colegio que nos vio crecer, regalo del Sagrado Corazón donde estudiamos y seguiremos recordadas siempre.

Las monjas

Las monjas que nos formaron nunca fueron impredecibles. Todas tocaron nuestras vidas y las marcaron de forma muy intencional. Una de Las Gagas cuando las describe empieza mencionando los birretes que lucían. Para ella, estas monjitas parecían disfrazadas y dignas de estar fotografiadas en un álbum de mucho colorido dedicado al turismo. Unas llevaban el hábito alegremente mientras que otras eran sombrías y serias. El birrete era como el sombrero o la corona del hábito. Creo que para todas Las Gagas el hábito de estas monjitas era un motivo de preocupación. ¿Cómo podrían tener una visión clara si tenían esos pliegues que aprisionaban sus caras? A primera vista uno pensaría que esos pliegues lo cambiarían todo, seguramente cerrando la mitad del panorama. Sin embargo, a lo largo del tiempo nos dimos cuenta de lo sensatas que eran nuestras monjitas. Durante el tiempo que estuvimos internas en el Sagrado Corazón pudimos comprobar que estas monjas tenían una visión extrasensorial, igual o similar a la de un extraterrestre.

Las monjas de nuestro colegio tenían un caminado muy especial, particular y único. Se deslizaban velozmente por las franjas verdes de los pisos de nuestros pasillos, sin hacer ningún ruido. Rozaban, casi acariciando el piso, sin avisar destino o existencia. Las sentíamos igual que una brisa inesperada que de pronto llegaba a asombrarnos. Cuando menos lo esperábamos, estaban presentes en todos los lugares.

Como parte del disfraz, estas monjas llevaban unas cajitas que las acompañaban. Estas cajitas de madera o chascas, con las que daban sus órdenes, manipulaban nuestro futuro. Con estas cajas nos daban órdenes de callar, de sumisión, de movernos más de prisa, de parar, o de comenzar una actividad. También nos mandaban a guardar silencio mientras nos podían lanzar al mismo horno del infierno con un tremendo castigo. Nuestras monjitas, a través de las chascas, enviaban mensajes telegráficos imposibles de olvidar, y totalmente traumatizantes para un mundo donde se respetan los derechos humanos. A todas nos tomó un tiempo poder interpretar, obedecer o sobreponernos a las órdenes estrictas que telegrafiaban.

Hay muchos recuerdos lindos del colegio y las monjas que de verdad tuvieron vocación e interés en educarnos y ayudarnos a crecer en nuestra fe. Como toda regla tiene su excepción, también hubo algunas monjas amargadas y sin vocación ninguna. Algunas que asistieron al Sagrado Corazón nunca quisieron ser partícipes de nuestra reunión en el exilio, justificándose probablemente por las malas experiencias que les trajeron y causaron estas monjas.

Yo más bien quiero hablar de esas monjas que hicieron una gran diferencia positiva en mi vida y en las de mis Gagas. Todas nosotras sabemos quiénes eran las buenas y las malas. Sin la gran influencia de las monjitas buenas y dedicadas creo que no seríamos Las Gagas hoy en día. Parte de la crianza de una persona es recibir valores. Algo que pensamos resulta tan fácil y común. Sin embargo, no se forman solos, y muchas veces nos preguntamos: «¿Por qué es tan difícil formar valores?». Simplemente porque los valores son convicciones que adquirimos por la necesidad de nuestra integridad bien inculcada. Los maestros, líderes y modelos de valores en el colegio tienen la posibilidad de reforzar lo formado en el hogar, pero no sustituirlo. Si las convicciones que se forman en la casa no son sólidas, los valores enseñados en el colegio no pueden competir y son causa de mucha confusión. Todos nuestros padres, que nos habían prestado al colegio del Sagrado Corazón, tuvieron las mismas ideas y normas en lo relacionado con la crianza de sus hijas. Todas veníamos de hogares donde se preocupaban por nuestra formación y crecimiento. Por eso mismo, en el caso de nuestras monjas, ellas no solo lo reforzaban, sino que añadían ciertas expectativas que nos ayudarían en los tiempos más difíciles de nuestras vidas.

Hay muchos recuerdos de las tantas monjitas que nos cambiaron la vida y nos formaron. Muchas de Las Gagas recuerdan a la

Madre Paulina Pérez. Esta monjita no solo fue maestra de religión, sino también un vínculo entre Las Gagas y el crecimiento de la fe de cada una. Sin ella, muchas serían ateas. Una de mis Gagas, estudiando para ser científica, cuenta cómo en la universidad los profesores se burlaban del capítulo de Génesis en la Biblia. Ella cuenta que ese incidente le hubiera afectado sin el conocimiento que obtuvo de la Madre Paulina acerca del capítulo. Fue la Madre Paulina la que le enseñó a leer el capítulo de Génesis en contexto, nunca tomándoselo al pie de la letra. Se acuerda del incidente y de lo que ella pensó: *Esta gente sabe mucho de ciencias pero ni una pizca sobre la Biblia*. Por ello terminó haciendo un máster en Teología con énfasis en *Las Escrituras*. En su media edad fue que se dio cuenta de que la Madre Paulina Pérez se había leído Divino Afflante Espíritu, la encíclica del Papa Pío XII; de cómo leer las Escrituras, al igual que se percató de cómo se leen los documentos antiguos.

Mi Gaga, sin conocimiento alguno de lo que la vida le brindaba cuando era una niña interna en el colegio, hacía memoria de una monja que la instruyó correctamente. Años después es que vino a darse cuenta, como muchas de nosotras, del valor de estos ángeles que nos habían puesto en el camino correcto. O sea, teníamos maestras muy preparadas y ni nos dábamos cuenta de esto.

Nuestras monjitas siempre han estado presentes en lugares diferentes. Parecían seguirnos por la vida para asegurarse de que su labor estuviera completa. Muchas de Las Gagas llegaron a residir en diferentes lugares después de haber salido de Cuba. Dejaron atrás la tranquilidad de una vida conocida para aventurarse en el mundo que las esperaba. Todo esto lo hicieron gracias a la formación y compasión de unas monjas estoicas en semblante, pero divinas en espíritu y esencia.

En particular, una Gaga cuenta de su experiencia cuando llegó a Puerto Rico. Una niña todavía, sin haber terminado el high school, se puso a trabajar para ayudar un poco a la familia. Un ocho de diciembre se acuerda de haber pedido permiso en su trabajo para asistir a la celebración de la Inmaculada. En la fiesta, la Madre Pérez Calderón y la Madre Julia la reconocieron agarrándola por el cuello porque decían que tenía que acabar el high school. Ellas le salvaron la vida, abriéndole las puertas a su futuro, añadiéndole clases de comercio, taquigrafía y maquinilla. Le dieron todo: uniforme, libros, cama, comida, hasta atención médica. Las compañeras que ni la conocían la recibieron con ropa de dormir nueva, pantuflas, jabón, y cuánta cosa se les ocurriera en el momento... hasta un peluche para su cama.

La Madre Julia la despertaba a las cinco de la mañana todos los días para que se fuera a bañar. Ella era el primer turno de niñas a bañarse. Se acuerda cómo tenía que bajar al sótano, y cuando subía después a su cuarto se encontraba con que alguien le había hecho la cama. Después de mucho tiempo confirmó que había sido la Madre Julia la que le había hecho sus días un poco más fáciles quitándole esta tarea de encima. La monjita, dentro de sus estrictas reglas, aflojaba su corazón por todo lo que estaba pasando mi amiga. Mi Gaga, que estaba interna en el colegio, tuvo la suerte de tener a esta monjita que la sacó de clases durante la ocurrencia de Playa de Girón y le dio un radio para que se mantuviera informada. En momentos tristes y de soledad, los detalles de nuestras monjitas se convertían en regalos de Navidad.

Otra de mis Gagas fue a parar a Maryland. Su madre la llevó a Stone Ridge. Fue ahí que la Madre Bolívar la ayudó para que se pudiera graduar. Como vivían en Virginia, mi Gaga tenía que tomar tres buses todos los días para llegar al colegio y tres para volver a casa. Después, la Madre Bolívar logró que, al ella graduarse ese mismo año, le dieran a su hermana una beca en Georgetown para que no tuviera que viajar tanto para ir al colegio. Su hermana se graduó tres años después. La Madre Bolívar las cuidaba en Stone Ridge como si fueran sus hijas.

A una de Las Gagas que llegó a Nueva York, las monjas del colegio de la calle noventa y uno, en Manhattan, también la acogieron con los brazos abiertos. Le dieron una beca completa, lo que faltaba de año, para que pudiera graduarse, y como las monjitas de Puerto Rico y Maryland, esta también le regaló el uniforme y todo lo que necesitaba. Hasta hicieron de psiquiatras para su madre que estaba pasando tanto, sola y lejos de su familia.

No fueron tiempos fáciles para mis Gagas. Todas vivimos momentos muy intensos. La Gaga de Nueva York se acuerda de cómo estudiaba por el día, y salía disparada después de clases para su trabajo, siempre haciendo tiempo para cuanta demostración política ocurría en frente de las Naciones Unidas. Ella recuerda estas funciones como los almuerzos del Yacht Club en Cuba por las generaciones que se unían. Asistía a estas funciones con su madre, primas y hasta su abuela era partícipe en el asunto. Se unían llenas de la esperanza de ver a su país libre y compartir momentos con otros cubanos que estaban pasando por los mismos sacrificios que ellas. Mi Gaga se acuerda de su nueva vida: los bailes en el St. Regis, las visitas a los museos que entonces eran gratis, y los picnics que hacían en el Parque Central con otros cubanos. De ahí asistió a otro colegio donde terminó su preparación básica y le dio paso para asistir a la Universidad de Columbia. ¿Cómo no estarles eternamente agradecida a estas monjas que se ocuparon de ella? A la Madre McEghon, directora del colegio de la calle noventa y uno, en Manhattan, que terminó sus últimos años en el colegio de Carrollton, y a la Madre Santiago, que llegó después de su graduación, pero fue igualmente de maravillosa con todas las antiguas de esa área. La verdad es que las Madres del Sagrado Corazón se portaron extraordinariamente bien con todas las cubanas en todas partes del mundo. Ellas fueron ejemplos de compasión y disciplina. No era solo lo que nos enseñaban a diario, sino sobre todas las cosas por su ejemplo. En muchas ocasiones, estas monjas fueron nuestros padres, nuestras amigas, nuestras más grandes confidentes, nuestras guías espirituales, y hasta nuestro refugio de normalidad en un mundo descompuesto.

De niña a mujer

En la escuela de monjas aprendimos las enseñanzas Marianas de conducta que la niña cristiana debía seguir: ser humilde, pudorosa, laboriosa, obediente, fiel y resignada, así como la Virgen María. Nos decían que nuestra jornada de niña a mujer seguiría estos pasos: niñas, señoritas, esposas, amas de casa. Se nos aconsejaba hablar poco, ser cultas, modestas y discretas. En esos tiempos no se veía el futuro de la mujer como empresaria, política, gobernadora o liberada.

Una de mis Gagas me recordaba la semana que recibimos nuestra primera comunión. Ella todavía conserva la estampita de aquella ocasión, la cual todavía se mantiene bien conservada, a pesar de ya tener más de cincuenta años. Este será un día del cual nunca se olvidará. En ese día especial, mi amiga tenía un brazo partido. La pobrecita se había lesionado el brazo derecho cuando se cayó de la escalera que había dejado un trabajador que había estado pintando las paredes de su casa. El pintor se había retirado por el día, y sabiendo que en la casa había niños, había colocado la escalera de espalda contra la pared para prevenir que nadie la usara.

Mi amiga, de traviesa, decidió trepar por la parte de atrás de la escalera, no para subir o bajar, sino más bien para darle rigidez a la estructura paralela. Después que subió a determinada altura, decidió bajar, pero no pudo encontrar los escalones, perdió el balance y cayó doce escalones hacia la yerba del patio partiéndose el brazo. Al cabo del tiempo, todavía nos reímos del día de la ceremonia, diciéndole que el yeso blanco le venía bien con el vestido de comunión, y la dificultad que tuvo con el rosario y la pequeña Biblia que todas llevábamos.

Es increíble la memoria de mi amiga. También recuerda que después de comulgar y desayunar, la llevaron a sacarse fotos, y que la Reverenda Madre de la escuela entró al refectorio y anunció que el Monseñor que había dado la misa, todavía estaba en el colegio. La Madre Superiora le pidió a él que nos confirmara, ya que aunque éramos muy pequeñas estábamos bien preparadas para recibir la confirmación.

Monseñor accedió y nos confirmó el mismo día de la comunión, dándonos la muy celebrada cachetada que hoy en día ya no se da. Mi querida amiga se acuerda no solo de la cachetada, sino también de las palabras que dijo durante la confirmación: «Ahora eres soldado en el ejército de Jesús».

En nuestros tiempos, la comunión era un paso grande en la jornada de niña a mujer. No solo nos preparábamos juntas en el catecismo; también tomamos este importante paso juntas, el que después del bautizo marcaba la próxima etapa en el dogma de la iglesia católica donde estudiábamos.

Después de divertirnos en la niñez, jugar con muñecas, y ensayar en nuestros juegos tareas como cocinar, coser y planchar, entramos en la etapa de la adolescencia. Es en esta etapa de transición desde la infancia hasta la madurez que las presiones sociales nos perturban y como mujeres nos enfrentamos al enorme incremento de los impulsos, producto del desarrollo sexual, remodelando nuestra identidad y tomando el rol de nacientes adultos.

Una de mis Gagas dice que le parece que fue ayer cuando llegó al colegio del Sagrado Corazón a formar parte de nuestra clase. Estaba acompañada de su hermana y de sus primas. Teníamos también muchas compañeras que estaban internadas porque eran de otra provincia. Fue en esos tiempos que empezó nuestra aventura de adolescencia. Vivimos y compartimos como hermanas, nos ayudábamos, nos peleábamos, y poco a poco abandonamos nuestros rasgos de niñas.

Al entrar a esa grandísima mansión que era nuestra escuela, parecía que habíamos entrado a un palacio de un cuento de hadas. Recuerdo que los corredores eran como espejos, la blancura de sus paredes resplandecían, y las monjas con sus birretes nos recibían como si fuéramos de la realeza y llegáramos a nuestro castillo después de un largo viaje.

Allí, poco a poco, aprendimos a ser mujeres. Además de descubrir temas escolásticos, la ciencia, la matemática, y poner en práctica las lenguas de otros países, también descubrimos la adolescencia. Afuera de las puertas del Sagrado Corazón, en La Habana, dejamos con dolor el mundo infantil, los cuentos de hadas, los juegos, las muñecas y la inocencia. Comenzamos una etapa llena de nuevas expectativas, ilusiones y descubrimientos vitales. Allí tuvimos nuestros cambios corporales, y como orugas saliendo del capullo, comenzamos nuestra nueva configuración de la identidad definitiva como adultas.

Es en ese espacio de descubrimiento y misterio que aprendimos un poco de cada una y de la vida. Muchas de Las Gagas tuvieron que depender de otras Gagas o de nuestras monjas cuando se vieron cara a cara con su primera señal de cambio, su primera menstruación. Estar interna en un colegio asegura que muchas etapas de tu vida pasarán lejos de tu familia o del consejo maternal que necesitas en cada situación. Gracias a las experiencias de mis Gagas y la delicadeza de algunas de nuestras monjitas, todas sobrepasamos bien esta etapa de nuestras vidas. Claro, no necesariamente sin alguna confusión o falta de discreción de parte de alguien. ¿Pero no es así la adolescencia? Llena de confusión y falta de discreción.

Nuestra transformación puede ser concretada en las palabras del gran poeta Pablo Neruda, quien en su poema «El niño perdido» describe las ansiedades de lo que significa la pérdida de la niñez para el adolescente:

> ... *apareció de pronto un rostro de extranjero, [...]*
> *era yo que crecía.*[2]

Como dice una de mis Gagas, en un punto indeterminado perdimos la cara de niña, y vimos aparecer en el espejo la cara de una mujer. En algunas, esa mujer despertó de súbito y como un golpe duro, en otras despertó con suavidad, poco a poco, levantándose para reflejarse en el espejo.

La de mi amiga despertó con rudeza cuando tuvo el deseo de «sentirse mujer» en todos los aspectos físicos y emocionales, tomando decisiones que hicieron que esa mujer dentro de ella descubriera en varias etapas un mundo totalmente diferente de aquel que la había enseñado a valorar la dicha de ser mujer y proyectar sus valores hacia otros.

Después de que ya nos formamos como mujeres, nos volvemos a asomar al espejo, y de pronto e instintivamente desarrollamos la intuición maternal y el equilibrio necesario para crecer como mujeres, como madres y como profesionales.

Mi amiga me cuenta que su trayectoria, como la de toda mujer, estuvo llena de sorpresas. Ella aprendió que la vida es un regalo con piezas variadas que hay que cuidar y armar con amor, paciencia y esperanza. Aprendió a ser valiente tomándose en cuenta primero antes de ver la necesidad de los demás, para así poder enfrentar mejor los dolores y sufrimientos de la vida adulta, además de poder valorar los momentos felices y triunfadores. El ser mujer siempre empieza por una niña, y dentro de toda mujer, no importa la edad que tenga, vive esa niña. Está dentro de cada una de nosotras; en nuestra madurez debemos acordarnos de abrazar a esa niña y no lastimarla, pues nos pudiéramos hacer daño cuando vamos contra todas esas enseñanzas sencillas y esenciales en las cuales nos fundimos y convertimos en lo que somos.

Lo que vivimos y aprendimos

A partir de todo lo que pasamos como niñas y después como mujeres, sin dudas seremos conocidas como Las Gagas por siempre. Pongo como ejemplo a estas mujeres que conocí y que están muy cerca de mí. Yo no llegué a conocer el verdadero valor que tenían hasta reconocer el obstáculo con el cual cada una se enfrentó, y que les permitió convertirse en esa mujer que llevaban dentro.

Todas experimentamos cambios soportando los golpes que nos trajo la vida. Mis Gagas llevan a una mujer dentro que como una leona sale a la defensa en tiempos difíciles. Como madres gallina, nos acordamos de velar la una por la otra. Una de ella me escribió:

Los años de separación nos dejaron abrazar el silencio. Pero igual llegamos a encender la luz de nuestro interior, que nos ayudó a aprender a valorar la luz que llevábamos dentro; esta luz que quemaba el silencio interno deseoso de iluminar la biblioteca de pensamientos que teníamos escondida. Teníamos reflexiones y meditaciones que nuestra alma y existencia guardaba.

Ella comenzó a encender esa luz en su interior con la tinta de sus sentimientos en prosas y poemas. Aprendió a no reclamar ninguna gloria y a ver que las virtudes de la vida se premian con las acciones. Aprendió que la vida está llena de sorpresas. Aprendió que la vida es un regalo con piezas variadas que hay que cuidar y armar con amor, paciencia y esperanza. Aprendió a ser valiente para ella antes que para otros, para así poderse enfrentar mejor al dolor y sufrimiento.

Me comentó que quería ser representada por el color blanco, un color que con el espectro de la vida es el prisma perfecto para un arcoíris de colores variados en intensidad, la intensidad de poder sentirse viva. Ella sabe lo que significa ver un arcoíris en su plenitud, pues la vida la llevó a vivir en la selva amazónica. Ahí descubrió muchas cosas de su ser, y aprendió a buscar dentro todo lo que le habían enseñado, pues llevaba a flor de piel nuestro colegio, nuestro pasado, y a cada una de nosotras. Aquí les presento uno de sus relatos de la selva:

Viví por tres años consecutivos en un pueblo pequeño en medio de la selva amazónica, con las comodidades básicas de luz y gas natural. Poco a poco me fui adentrando en ese mundo que en cierta ocasión, ya sea por obligación o placer, leíste en la adolescencia como relatos de aventuras, lejos de la civilización y de las comodidades de las grandes ciudades. Pude palpar y vivir de cerca relatos de la selva con la fuerza de sus personajes que, sin educación, te muestran su alma transparente y te entregan una amistad limpia sin ningún tipo de contaminación y con un afecto que huele como la misma naturaleza salvaje que te rodea. Aprendí a escuchar y entender la música que diferencia sus regiones. Aprendí a vivir entre animales, donde el único peligro era enfrentar y terminar su forma de sobrevivir, y cómo disponer de ella para marcar territorio de quien es más fuerte. El proceso de adaptación no fue fácil, pero tampoco difícil; no fue fácil por encontrarme lejos de mi familia, lo difícil fue preguntarme a mí misma: ¿cómo he terminado acá? (claro que sé, fue una decisión mía). ¿Pero, qué habrá en todo esto? En un sitio donde todo es diferente a lo que yo siempre estuve acostumbrada. Viví dentro de una sencillez, rodeada de gente que para conseguir algo, para recibir algo de educación escolar, para cubrir sus necesidades básicas, caminan kilómetros sin protestar, solo con una gran fuerza interior llena de esa sencillez. Me llené de la necesidad de aprender sobre la sabiduría que encierra a la naturaleza y que otros conocen como «selva». Es difícil visualizar mi aventura en un solo espectro de visión. Siempre será una experiencia tan maravillosa y un valioso entrenamiento de mi estrecho contacto con personas, costumbres y cultura. Una huella que me marca con un profundo cariño, amor y respeto. ¿Acaso la vida no es una selva?[3]

Pienso que mi Gaga dispuso de todo el entrenamiento posible en la niñez que compartimos. La aventura que vivimos de niñas también tuvo que ver con una especie de selva, donde sobrevivimos ciertas circunstancias que al final nos llenaron de valor, sacándonos adelante. Creo que sin la preparación de las monjas, esta selva hubiese sido imposible de enfrentar y poco imaginada.

Estas mujeres, Las Gagas, fortalecidas por lo que adoptaron en la niñez, llevan memorias y cicatrices que las marcan. Un símbolo de lo que vivieron y el rigor de lo que les espera por vivir.

Otra de mis Gagas me cuenta sobre su juventud y adolescencia. Comenta sobre la situación política en la que se vio envuelta, lo que le dio pie a entender lo importante de la vida y cuán superfluas podíamos ser.

Se acuerda de cómo la base que nos dieron la moldeó definiendo las cosas importantes, no dejándose llevar por vanidades, valorando a cada persona por lo que es y no por lo que tiene o aparenta.

Me explicaba la soledad que sintió cuando todos se fueron y ella no quería dejar su país. Quería luchar por el bien de su patria. Le sucedió lo mismo cuando se fueron las monjas. Ella pensó que su viaje sería temporal, y comprendió que quedarse significaría terminar en la cárcel por protesta al sistema. Tuvo que luchar con el contraste de ser recibida en Miami por familiares y haber dejado en Cuba a su madre, sabiendo bien lo que ella tendría que pasar.

Como estas hay muchas anécdotas de vidas reinventadas. Siempre con las lágrimas y alegrías que dejamos atrás. Aunque ya pasamos esto, lo llevamos como parte de nuestra persona. Lo comprendemos como un regalo y un castigo a la vez. Pero deduciendo que nos preparó para encontrar la fortaleza en nuestra unión.

Ese pasado que vive dentro de mí

Creo que todas fuimos afectadas por la salida de nuestro país. De verdad que muchas veces no sabemos lo que tenemos hasta perderlo. Vivíamos en un mundo oculto y cerrado a la realidad que nos rodeaba. Mientras una revolución cambiaba a nuestro país y nuestros alrededores, nosotras nos perdíamos en un mundo que fabricábamos con la ayuda de nuestras monjitas.

Ahora, con lágrimas en los ojos, me doy cuenta de que nunca lloré la salida de mi país y la despedida de mi colegio. Tuve que madurar rápidamente, igual que el resto de mis Gagas. Salí sola con mi madre y hermano a un mundo desconocido y al cual tuvimos que aclimatarnos rápido para poder sobrevivir y salir adelante. Tuvimos que enfrentarnos a un idioma diferente y una cultura desconocida. Tuvimos que trabajar duro para poder comprar comida y pagar un alquiler, tratando de no desilusionarnos por las circunstancias y de ser agradecidos por lo que este país nos ofrecía.

Mi padre salió después y se quedó en México, esperando encontrarse con nosotros. Como muchas familias cubanas, nosotros sufrimos la separación de nuestro núcleo familiar por causa de un sistema que hizo todo por destrozar la santidad y unión de toda familia. Fue México el último país que se apoderó de mi padre. Allí falleció y descansa. Siempre tendré a México en mi corazón por la ayuda que le brindó a mi padre y por la que nos dio a nosotros cuando él falleció. Todavía me acuerdo del día en que recibí la noticia.

Yo me casé joven y fue mi esposo quien vino a darme la noticia; para su sorpresa, yo la sabía. Fue un presentimiento muy fuerte. Es como si la vida me hubiera avisado de la despedida del primer hombre que me quiso, apreció y admiró. Nunca lo volví a ver, pero igual que la formación que me brindaron las monjitas de mi colegio, sus palabras y enseñanzas viven conmigo. Fueron las expectativas de un padre criando a una mujer preparada y fuerte, un país y unas amistades que nunca olvidé, y la madurez que tenía que asumir para poderme enfrentar al mundo, los que me formaron y me hicieron ejercer y buscar mi camino.

Para poder transmitir algo hay que poseerlo, y solo se transmite a través del ejemplo práctico, cotidiano, de las actitudes y conductas. Las personas que en nuestras vidas tienen un rol de liderazgo son quienes nos transmiten más valores. Por eso no es casual que ellas sean nuestros padres, hermanos, abuelos, ciertos familiares y maestros. Hemos aprendido su importancia por los beneficios que nos traen, tanto individuales, como colectivos.

De mi pasado tengo memorias de un colegio con una historia única. De unos pasillos que pisé junto a unas hermanas y que me entregó la vida. Me acuerdo de unas monjitas que guardaban silencio y eran un ejemplo de prudencia y paciencia. Me sostengo de las enseñanzas de estas monjas, maestras llenas de sabiduría, humildad, alegría, y piedad, cuyo sacrificio dio nueva vida a quien se dejara guiar por ellas. Mis monjitas fueron bondad, ternura y dedicación. Por eso no hay expresión de gratitud que satisfaga los maternales cuidados que recibimos de sus generosas manos. Ellas se mantenían aferradas a una cruz que por fidelidad y creencia las ayudó a llevar a cabo una misión inolvidable con unas niñas cubanas.

En mi caso, fue en el testimonio vidente de mis padres y monjas que mi carácter se fue formando. En los tiempos más difíciles, no dejé que nada me definiera. Yo tenía muy claro que venía de raíces muy bien sembradas. He sido parte de una generación que no quería un dictador. Fui parte de una familia que por sacrificio y trabajo pudo salir adelante. También no puedo negar que mi colegio moldeó mi forma de pensar y me regaló un grupo de amigas que impactaron mi vida de una forma muy especial. Sin dudas, siempre fui parte de algo mayor.

Así, tal como lo describo, lo relata María Cristina Soler, una de mis Gagas, en el poema que me brindó sacado de su libro...

Mi arquitectura interior es simple,
carece de columnas, dinteles y puertas.
La forman anhelos, intentos y sueños,
alguna hoja escapada de un árbol
y un poco de sentimiento.

Alguna vez construyo muros con ventanas
para que entre el sol y evapore la nada,
para sentarme a mirar el atardecer y la mañana.
Muros con espejos para reflejar al viento
para que cuando pase deje su aliento.

Mi arquitectura interior es simple,
está llena de recuerdos
que desfilan en cortejos vestidos de negro,
que según desde donde miren
pueden ser malos o buenos.

La pueblan fantasmas, ángeles caídos,
demonios, hadas y Delfos.
A veces solo basta una lágrima-tsunami
que cayendo desde el alma, arrase todo
desapareciendo mis temores y dando
paso a nuevas esperanzas y amores.[4]

Una nueva reunión

Al salir de Cuba todas fuimos exiliadas en lugares diferentes dependiendo de la trayectoria que siguieron nuestros padres cuando lograron sacarnos del país. Separadas éramos nada más una memoria de un lazo y un pasado profundo. Yo misma pasé muchas dificultades en mi vida acordándome, cuando necesitaba las fuerzas, de esas niñas que me vieron en mis momentos más brillantes cuando todo sueño y esperanza del mundo estaba dentro de mis manos.

Por circunstancias que no pudimos controlar, nos separamos y tomamos nuestro propio camino. Solo aquellas que vivían en Miami y algunas de Puerto Rico nos comunicábamos de vez en cuando y nos manteníamos al tanto de alguna noticia o chisme de otras del grupo. Al pasar los años y con la tecnología a nuestro lado, una de las Gagas, y gran amiga mía, decidió que era hora de unir a todas, y se le ocurrió hacer una reunión donde pudiéramos asistir y nos recordara esos tiempos que dejamos atrás. Después de pensarlo un poco, esta Gaga maravillosa y creativa nos sorprendió con la gran idea de graduarnos como grupo. Al colegio de nosotras lo cerraron antes de que nos pudiéramos graduar y nunca pudimos asistir a una graduación en grupo.

Para algunas se nos hizo gracioso dado que éramos profesionales con varios títulos. Sin embargo, sería, posiblemente, una de las ocasiones más emotivas en la vida de todas. Entonces empezamos, entre las redes sociales, a encontrar a nuestro grupo de colegio. En el caso mío, como puedo navegar las diferentes fuentes de información, fui informando de Las Gagas que encontraba y las iba conectando con el grupo. Conversaciones iban y venían por correo electrónico. Conversaciones de intriga e interés por las vidas que habíamos formado lejos de las demás.

Una de Las Gagas, Silvita Salcedo de Rodríguez Cabarrocas, fue la creadora de nuestra graduación en el exilio y la que le escribió a la Madre Superiora de nuestro colegio, que residía en Francia. Le explicó lo que queríamos hacer pidiéndole el apoyo y dándole los detalles de lo que se nos había ocurrido. Ella nos mandó una carta y nos confirmó su apoyo y gran sentimiento por nuestra ingeniosidad.

Tomando al toro por los cuernos empezaron nuestros planes de buscar alojamiento para todas las que venían de muy lejos a un evento que llegó a ser un éxito a gran escala. Con bombos y platillos recibíamos a cada una que entraba por la puerta. Y aunque muchas ya no somos ni la imagen de lo que éramos, todavía quedaban rasgos de algo recordado o de una esencia inmortal. Ahí, entre el almuerzo, los recuerdos de las maestras y las travesuras, entre lágrimas de risa por los cuentos del pasado, y lágrimas de tristeza por las que faltaban, nos graduamos poco más de cuarenta años después.

Nos pusimos al tanto de nuestras vidas en un salón donde todas, ya con ciertas arrugas, no veíamos más que la niña que nos acompañaba en aquella clase en nuestro querido colegio del Sagrado Corazón. Entre las risas, los recuerdos, y las nuevas promesas de permanecer conectadas, se nos fueron las horas. Fue entonces que se formaron nuevas relaciones y nos empezamos a ver de una manera nueva. Ahora, ya graduadas y maduras, todavía éramos mujeres capaces de volvernos a escapar a ver en dónde vivían las monjas y jugar con disfraces que nos probábamos durante un recreo, pero sobre todo éramos mujeres con la sensatez de conocer el regalo que nos había devuelto la vida. No íbamos a permitir que después de habernos encontrado nos perdiéramos otra vez.

Por esto mismo creo que fue tan importante la ocurrencia de nombrarnos y bautizarnos como Las Gagas. Esto nos daba un cuño, una marca específica y exquisita. ¿Cómo no querer ser parte de Las Gagas? Con todo su poder, sencillez e imaginación, esto nos ha convertido en un grupo que sigue conectado y al tanto de todo lo que necesitamos. Cuando alguna de nosotras ha estado enferma, ahí va el grupo de oración Gaga, conocido como «Gaga power». Si alguna ha estado hospitalizada, ahí estamos todas tomando turno y ayudando a su mejoría. Nos preocupamos por la familia de cada una y estamos al tanto de nuestros hijos y de cada nieto que se vaya incluyendo. Nos mandamos fotos y a menudo nos carteamos tecnológicamente. Nos conocemos tan bien y nos hemos estudiado tan profundamente que sabemos a quién le podemos hablar de política y a quién no, para no tropezar con esa piedra dos veces u ofender sin razón alguna.

Después de más de cincuenta años de amistad, somos más que hermanas. Creo que somos una especie de espejo donde reflejamos diferentes partes de cada una. Donde nos vemos por lo que fuimos, lo que somos, y lo que no pudimos llegar a lograr y todavía nos falta por conquistar. Hemos pasado crisis y hasta pérdidas de algunas de nuestro grupo. Siempre unidas para enfrentar el dolor juntas; es entonces cuando nos damos cuenta de la importancia de nuestra unión y el significado de la vida, que a veces pasando tan rápido no deja que tomemos el tiempo para fijarnos en esos detalles que valen la pena retener.

NOTAS

Epígrafe

1. María Cristina Soler, «Mujer es la esencia de todo ser», poema usado con el permiso de la autora.

Prólogo

1. Jennifer Lee, «Feminism Has a Bra-Burning Myth Problem», 12 junio 2014, http://time.com/2853184/feminism-has-a-bra-burning-myth-problem/.
2. UNESCO, «Less than Half of Countries Have Achieved Gender Parity in Education», 12 octubre 2015, http://unesdoc.unesco.org/images/0023/002336/233610e.pdf.
3. UNESCO, «A Growing Number of Children and Adolescents Are Out of School as Aid Fails to Meet the Mark», julio 2015, http://unesdoc.unesco.org/images/0023/002336/233610e.pdf.
4. United Nations Children's Fund, *Ending Child Marriage: Progress and Prospects* (Nueva York: UNICEF, 2014), http://www.unicef.org/media/files/Child_Marriage_Report_7_17_LR..pdf.
5. «Taiwan Ranked Tier 1 in Human Trafficking Report», *The China Post*, 29 julio 2015, http://www.chinapost.com.tw/taiwan/national/national-news/2015/07/29/441873/Taiwan-ranked.htm.
6. Ver Robin Dunn-Marcos, Konia Kollehlon, Bernard Ngovo y Emily Russ, «Reasons for Educational Inequalities», en *Liberians: An Introduction to Their History and Culture* (Washington, DC: Center for Applied Linguistics, 2005), pp. 38–39; y también UNICEF, «At a Glance: Libera. Statistics», 27 diciembre 2013, http://www.unicef.org/infobycountry/liberia_statistics.html#59.

7. FLACSO Brasil, Mapa da Violencia, «2015 – Homicidio de Mulheres no Brasil», http://www.mapadaviolencia.org.br.

8. UN Women, «In Brazil, New Law on Femicide to Offer Greater Protection», 16 marzo 2015, http://www.unwomen.org/en/news/stories/2015/3/in-brazil-new-law-on-femicide-to-offer-greater-protection.

9. Juliett Jowit, «Women Will Get Equal Pay... in 118 Years», *The Guardian*, 18 noviembre 2015, http://www.theguardian.com/lifeandstyle/2015/nov/18/women-will-get-equal-pay-in-118-years-wef-gender-parity.

10. Angelina E. Theodorou y Aleksandra Sandstrom, «How Abortion is Regulated around the World», Pew Research Center, 6 octubre 2015, http://www.pewresearch.org/fact-tank/2015/10/06/how-abortion-is-regulated-around-the-world.

11. World Health Organization, «Female Genital Mutilation», febrero 2016, http://www.who.int/mediacentre/factsheets/fs241/en.

12. Nelson Mandela, «Statement of Nelson Mandela at his Inauguration as President», 10 mayo 1994, http://www.anc.org.za/show.php?id=3132.

Capítulo 1

1. Elinor W. Gadon, *The Once and Future Goddess: A Symbol of Our Time* (Nueva York: Harper & Row, 1989), pp. 69–71.

Capítulo 2

1. León Tolstói, *La muerte de Ivan Ilich* (Madrid: Alianza, 2001).

2. Fanny del Río, *La verdadera historia de Malinche* (Barcelona: Grijalbo, 2015), carta tercera.

3. U.S. Census Bureau, «The Foreign-Born Population in the United States: 2010», mayo 2012, https://www.census.gov/prod/2012pubs/acs-19.pdf.

4. Child Trends Data Bank, «Births to Unmarried Women», 2015, http://www.childtrends.org/?indicators=births-to-unmarried-women.

5. ETAN, «Promoting Excellence through Mainstreaming Gender Equality», 2000, ftp://ftp.cordis.europa.eu/pub/improving/docs/g_wo_etan_en_200101.pdf.

6. Center for American Women and Politics, «House Leadership Shake-Up – A Missed Opportunity for Women?», 30 septiembre 2015, http://cawp.rutgers.edu/blog-categories/congress.

Capítulo 4

1. Carlos Castañeda, *Pases mágicos: La sabiduría práctica de los chamanes del Antiguo México: La tensegridad* (Buenos Aires: Atlántida, 2001).

2. Casilda Rodrigañez, «La Recuperación del "Latido del útero"», 5 marzo 2010, http://vocesancestrales.blogspot.com/2010/03/la-recuperacion-del-latido-del-utero.html.
3. Ibíd.
4. Miranda Gray, *Luna roja: Emplea los dones creativos, sexuales y espirituales del ciclo menstrual* (Madrid: Gaia, 2010).
5. Clarissa Pinkola Estés, *Mujeres que corren con los lobos* (Barcelona: Ediciones B, 2010).
6. Se refiere a una seguidora del psiquiatra fundador de la psicología analítica, Carl Gustav Jung.
7. «Mujeres latinas que hacen historia en los Estados Unidos», 2010, http://latinosinfronteraslabel.blogspot.com/2010/08/mujeres-latinas-que-hacen-historia-en.html.
8. Jennifer L. Lawless y Richard L. Fox, CAWP Rutgers, «Men Rule: The Continued Under-Representation of Women in U.S. Politics», enero 2012, https://www.american.edu/spa/wpi/upload/2012-Men-Rule-Report-web.pdf.
9. Richard L. Fox, «Gender, Political Ambition and the Decision Not to Run for Office», http://cawp.rutgers.edu/sites/default/files/resources/initialdecisiontorun_0.pdf.
10. Unión Interparlamentaria, «Las mujeres en el parlamento en 2013», http://www.ipu.org/pdf/publications/WIP2013-s.pdf.
11. Ibíd.
12. Rebecca Bowen, «Women of the Seneca Nation», 15 mayo 2014, http://senecanation.com/women-of-the-seneca-nation/.
13. Pamela A. Field, *The Woman Who Dreams Herself: A Guide for Awakening the Feminine* (Bloomington, IN: Xlibris, 2010) [*La mujer que se sueña a sí misma: El papel de la mujer en los tiempos actuales según las profecías* (Granada: Vesica Piscis, 2006)].

Capítulo 5

1. H. Jackson Brown Jr., *The Complete Life's Little Instrucion Book* (Nashville: Thomas Nelson, 2007), p. 364 [*Pequeño libro de instrucciones para la vida* (V y R Editoras, 2010).

Capítulo 6

1. Real Academia Espanola, *Diccionario de la Lengua Espanola*, 2016, s.v. «abuelo, la», http://dle.rae.es/?id=0DKKo2d.
2. Rosario Gómez Alfonso, *Cuentos con alma - Para un mundo mejor* (Madrid: Gaia, 2006).

3. La autoría del poema está discutida, atribuida a, entre otros, Jorge Luis Borges y Veronica A. Shoffstall. Ver «Poema Con el Tiempo de Jorge Luis Borges», http://escritoresypoetas.com/poema-con-el-tiempo-de-jorge-luis-borges.html; y Pure Nourishment, «After a While You Learn... By Veronica A. Shoffstall (1971)», 21 octubre 2012, https://purenourishment.wordpress.com/2012/10/21/after-a-while-you-learn-by-veronica-a-shoffstall-1971/.

4. William Makepeace Thackeray, *Vanity Fair* (Chicago: Belford, Clarke & Co., 1886), p. 15 [*La feria de las vanidades* (México: Andrade y Escalante, 1860).

Capítulo 8

1. Jaume Soler y M. Mercè Conangla, *Aplícate el cuento* (Barcelona: Amat, 2014).

2. Stephen Billett, Christian Harteis y Hans Gruber, *International Handbook of Research in Professional and Practice-Based Learning* (Nueva York: Springer 2014), p. 817.

Capítulo 10

1. Jorge Luis Borges, «El ápice», *Poesia completa* (Nueva York: Vintage Español, 2012), p. 553.

2. Pablo Neruda, *El despertar de Neruda, poemas y prosa de niñez y adolescencia* (Chile: Cuarto Propio, 2004), p. 56.

3. María Cristina Soler, *Carnaval de vivencias – Número 1* (Argentina: Martini de Villa Gesell, 2011).

4. María Cristina Soler, *Aliento de vida* (Argentina: Martini de Villa Gesell, 2010).

ACERCA DE LA AUTORA

La doctora Isabel Gómez-Bassols, mejor conocida por su legión de fanáticos en todo el país como «La doctora Isabel, el Ángel de la Radio», es la primera psicóloga radial hispana del país. Una versión latina de la Dra. Ruth, Ann Landers, y el Dr. Phil a la vez. Esta cálida, sensible y carismática doctora emite opiniones expertas sobre temas cruciales que van desde la crianza de los hijos, las relaciones conyugales, el divorcio, la sexualidad humana, la educación y la violencia, entre otros.

Bajo la cautivadora personalidad pública de la doctora Isabel existe un aspecto profesional que guarda el secreto de su enorme credibilidad. Como notable psicóloga, educadora y especialista en la violencia doméstica con tres décadas de experiencia como consejera familiar y de adolescentes, la doctora Isabel ha trabajado tanto en el sector privado como en el público. La Asociación de Sicólogos Escolares de la Florida y a nivel nacional la han reconocido como experta en temas que afectan a los niños hispanos y a sus padres. Por su brillante labor que destaca un efectivo método de consejería, la doctora Isabel es codiciada como invitada en diversos programas televisivos, y como oradora principal en conferencias a través del país.

Además, la doctora Isabel tiene una columna semanal de consejos en El Nuevo Herald, responde a las cartas de su audiencia nacional en doctoraisabel.net La doctora Isabel ha recibido numerosos reconocimientos a lo largo de su carrera, tales como haber sido nombrada una de las Mujeres más influyentes en la radio del 2013, otorgado por Radio Ink; Premio Mujer, del National Hispana Leadership Institute 2013, el Premio George Moscone por el Apoyo vocal de los derechos LGBT / L.A. Pride de Christopher Street West y el premio Community Catalyst de la Organización Esperanza para Niños, entre otros.

La doctora Isabel es madre de cuatro y abuela de ocho. Posee un doctorado en Pedagogía con especialización en la Adolescencia temprana y media, cuenta con un título postgrado de especialista en psicología, y con una maestría en la diagnóstica psicológica. Además, ha completado entrenamientos intensivos, especializándose en tópicos como los desórdenes de intimidad sexual, realizados en el mundialmente conocido Masters & Johnson Institute. La violencia doméstica, a través de The National Coalition against Violence; y el luto y la pérdida familiar, con Chloe Madanes. En años recientes, la Doctora Isabel también se ha transformado en una autora prolífica. Sus más recientes trabajos incluyen Pensamientos y Los 7 pasos para ser más feliz, además de sus libros escritos anteriormente como Los 7 pasos para el éxito en la vida el cual fue publicado en el 2003 y es un manual diseñado para ayudar a la comunidad latina de los Estados Unidos a alcanzar sus objetivos en la vida. En el 2002 publicó Los 7 pasos para el éxito en el amor mediante el cual, la doctora Isabel busca ayudar a las parejas latinas a mejorar sus relaciones románticas mediante ejercicios prácticos, pasos sencillos y ejemplos de la vida real. Y en el 2002 el primero de la serie su ya famoso ¿Dónde están las instrucciones para criar a los hijos? una guía relevante de cómo criar niños hispanos sanos, felices y exitosos en los Estados Unidos. También escribió dos libros conjuntamente con su hijo Eric Vasallo para niños: La canción de Gabriela y Tú sí puedes, Gabriela.

Actualmente también ha escrito mensualmente para la revista Reader's Digest "Selecciones" de México. La doctora escribe para una columna cuatro veces al mes para el periódico El Nuevo Herald.